KB265132

내가 들어줄게

내가 들어줄게

초판 1쇄 발행 2013년 1월 11일

지 은 이	우영제
발 행 인	권선복
편 　 집	김정웅
디 자 인	김소영
교정교열	신지은
전 자 책	박소은
마 케 팅	서선교
발 행 처	도서출판 행복에너지
출판등록	제315-2011-000035호
주소	(157-010) 서울특별시 강서구 화곡로 232
전화	0505-666-5555
팩스	0303-0799-1560
홈페이지	www.happybook.or.kr
이 메 일	ksb6133@naver.com

값 15,000원
ISBN 978-89-97580-61-3　13300

Copyright ⓒ 우영제, 2013

> 도서출판 행복에너지는 독자 여러분의 아이디어와 원고 투고를 기다립니다. 책으로 만들기를 원하는 콘텐츠가 있으신 분은 이메일이나 홈페이지를 통해 간단한 기획서와 기획의도, 연락처 등을 보내주십시오. 행복에너지의 문은 언제나 활짝 열려 있습니다.

내가 들어줄게

우영제 지음

도서
출판 **행복에너지**

　손에 큰 상처가 나서 펑펑 울던 한 아이가 있습니다. 손에 붕대를 감고 아파하고 있는데, 동네 친한 형이 와서 그러는 거예요.

　"많이 아프니? 어디 좀 보자. 어이구, 많이 아프겠다. 잠깐만."

　그러더니 본인의 배에 있는 기찻길 같은 수술 자국을 보여주는 거예요. 환하게 웃으면서 말이죠. 그 아이는 자기도 모르게 울음을 그쳤고, 상처가 더 이상 아프지 않게 느껴졌대요.

　대학을 졸업하고, 정말 하는 일마다 도전하는 일마다 도미노처럼 넘어지고 실패를 밥 먹듯 했습니다. 오랜 시간 준비한 시험에 한 번 떨어지고, 두 번, 세 번…. 어떻게 해야 할지 모르겠더군요.

　포기하면 내 인생에게 미안할 것 같아 심기일전해서 또 다른 희망과 열정을 가지고 열심히 원고를 썼습니다. 완성된 원고를 들고

많은 출판사의 문을 두드려봤지만 역시나 대답은 싸늘했습니다.

나이는 한 살 두 살 늘어가고 주변에서 나에게 거는 기대는 점점 사라지고, 정신 차리니까 나이 앞 숫자가 2에서 3으로 바뀌어져 있더군요. 차가운 현실, 혹독한 시련, 좌절, 절망, 고통, 자존감 바닥, 대략 난감, 잉여 인간, 희망 고문, '안될 놈은 안돼' 등 이런 단어들은 온전히 나를 위해서 만들어졌다고 생각했습니다. 참 많이도 아팠습니다. 혼자 속으로 울기도 많이 울었습니다. 마음속에 피멍이 들 정도로 말이죠.

그런데 그렇게 끝날 것 같지 않던 긴 시간의 터널을 나오니 이렇게 입가에 미소를 지으면서 글을 쓰고 있습니다. 신기합니다.

솔직히 말씀드리면 그 힘들었던 시간을 어떻게 버텨냈는지도 모르겠습니다. 그냥 속된 말로 악으로 깡으로 버틴 것 같습니다. 어떤 날은 '그래, 보여 줄게. 지켜봐라'라는 비뚤어진 오기로, 또 어떤 날에는 '그래, 내가 큰 사람이 되려나 보다. 시련 참 많이도 주신다. 적당히 주시지'라는 그럴싸한 위로로 하루하루 말 그대로 버! 틴! 것 같습니다.

그렇게 눈물 콧물 흘려가며 긴 터널을 나와서 이제야 한숨을 돌리려고 하는데, 제 눈에 저처럼 이제 막 긴 터널에 입성하는 후배님들이 보이는 겁니다. 본능적으로 말이죠.

'아, 저 친구들 정말 많이 힘들텐데. 나처럼 많이 실패하지 않고

덜 아팠으면 좋겠다. 어떻게 도와줄까? 무슨 이야기라도 좀 해주고 싶은데….'

그래서 정말 필요한 이야기를 해주고 싶었습니다. 자신의 성공담을 자랑하듯 늘어놓는 판에 박힌 이야기 말고, 정말 머리와 가슴에 와 닿을 수 있는 '진짜 조언'을 해주고 싶었습니다.

칠흑같이 어두웠던 터널을 나와 보니, 터널 안에 있을 땐 전혀 보이지 않던 것들이 조금씩 보이기 시작했습니다. 그래서 용기 내어 조심스럽게 후배님들에게 이야기해주려고 합니다.

20대의 터널을 이제 막 통과한 동네 친한 선배가 환한 미소와 함께 삶의 상처들을 보여주고 이야기해주면 후배님들 중 한 명이라도 위로 받을 수 있지 않을까요? 이 책을 통하여 넘어져 있던 단 한 명의 후배님이라도 툭툭 털고 일어나 다시금 본인의 인생을 차근차근 걸어갔으면 좋겠습니다.

저 역시 이제 또 다른 터널로 들어갑니다. 우리 모두 터널에 들어간다는 같은 위치, 같은 형편에 놓인 사람들이니 서로 격려하고 응원하며 각자에게 주어진 터널 잘 헤쳐 나갔으면 좋겠습니다.

한없이 부족하고 부끄럽지만 용기를 내어서 이 책을 세상에 내놓습니다. 저의 미약한 힘이나마 세상에 보탬이 된다면, 용기를 내는 것이 맞다고 생각을 했습니다. 지금도 어두운 음지에서 혼자 아

파하고 힘들어하고 있을 소중한 후배님들에게 이 책이 흘러들어가 길 바랍니다. 그리고 입가에 미소가 띄어졌으면 좋겠습니다.

책이 세상에 나오기까지 오랜 시간 참고 견디어주신 사랑하는 부모님과 가족들, 한결같이 응원해주시고 기도해주신 대전 서부 교회 강형식 목사님·교역자분들, 성도분들 그리고 힘들 때 먼저 손 내밀어주신 유경운 목사님과 사모님 항상 든든한 마음의 벗이 되어 주신 윤상규 전도사님, 언제나 환한 미소로 격려해주신 대전 계룡공업고등학교 김용성 교장선생님과 동료 교사분들. 다시 한 번 머리 숙여 감사의 뜻을 전합니다.

제 열정과 진심을 알아봐주신 도서출판 행복에너지 권선복 대표 님과 직원분들, 제 삶의 멘토 되시는 대전 서부 교회 배민호 장로 님, 이 책을 쓸 수 있도록 든든한 버팀목이 되어주신 이연주 권사 님, 힘들 때마다 조언을 아끼지 않으셨던 최기용 안수 집사님, 제 가 밥 먹듯 실패할 때마다 같이 울어주고 위로해줬던 종선 형님, 승현 형님, 보성 형님, 정식, 도연, 병순 사랑하고 감사합니다.

마지막으로 이 모든 것을 허락해주신 하나님께 모든 영광을 돌 립니다. 하나님 감사하고 사랑합니다. 이 책이 하나님의 뜻대로 선 하게 사용되어지길 간절히 기도합니다.

2013, 함박눈 내리는 1월의 어느 날

우영제

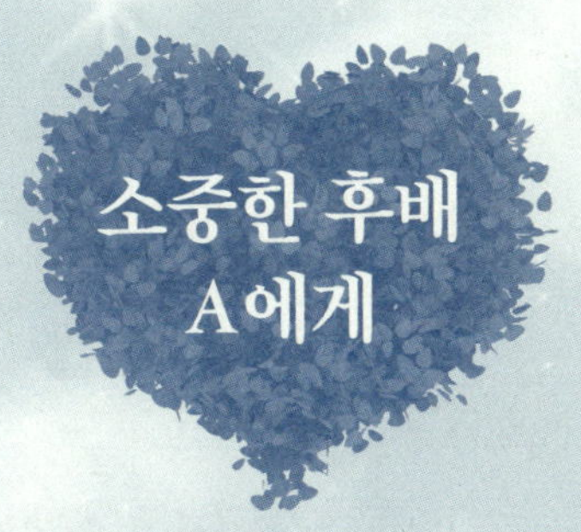

· 첫 번째 이야기 ·

요즘 어떻게 지내요. 대학생활은 할 만해요?

막상 대학에 입학해서 생활해 보니까 기대하고 생각했던 것만큼 대학생활이 재미있지는 않죠? 고등학교 졸업하고 설렘과 기대감으로 20대를 시작하고 대학생활을 시작했는데 실망감이 너무 크죠. A가 원했던 것은 이런 것이 아니었는데….

대학생활 1년, 2년 해 나가는데 머릿속에 남는 것은 없는데 시간만 흘러가고 A 아닌 다른 대학생들은 하루하루 재밌게 지내고, 알차게 대학생활하는 것 같은데 A는 그렇지 못 하는 거 같아서 마음은 더 무겁고 그렇죠. 또 왜 그렇게 주변에 엄친아들이 많은지. 또 뉴스에서는 대학 졸업하고 취업 안 된다며 겁만 잔뜩 주고, 20대 태반이 백수라는 이야기가 이제 낯설지도 않고. 대학 졸업 후에 2~3년 취업준비는 당연한 것이 되어버리고. 뭐라도 좀 해봐야겠는데 너무 막막해서 어디서부터 어떻게 손을 댈지 아무것도 모르겠고 답답하고 도망가고 싶고. 학기 시작한 지 얼마 안 된 것 같은데 술자리 몇 번 갖고 MT 다녀오니까 벌써 방학이니 '뭐 하고 있나' 싶죠.

그런데 답답해할 거 없어요. 대학생활 정상적으로 잘하고 있는 거예요. 대학생활 처음 해보는 건데 실수투성이고 시행착오 겪는 건 당연하죠. A만 그런 거 아니니까 너무 걱정하지 않아도 돼요. 사실 엄친아들 전국에 몇 명 안돼요. 엄친아들 다 그 녀석이 그 녀석이에요.

A랑 깊은 이야기를 많이 해 본 것도 아닌데 A 마음 잘 알고 있는 거 같죠? 사실은 내가 대학 다니면서 느꼈던 고민들 나열한 거예요. 신기하게 A가 하고 있는 고민이랑 비슷하죠. 나도 대학 다닐 때 이런 생각 많이 했어요.

'20대 너무나 막막하고 답답하니까, 누가 좀 20대 시작 이렇게 하라고 귀띔을 해주면 좋을 텐데. 그러면 쓸데없는 시행착오 안 하고 도움 많이 될 텐데. 이야기해주는 사람이 없다.'

가끔 대학생활 동안 성공한 사람들 와서 특강이란 걸 들으면, 그분들은 왜 하나같이 잘난 점 투성인지. 나하고는 완전 다른 유전자를 가진 사람들 같더군요. 본인 잘나고 화려한 경력 자랑하러 온 것 같아서 반발심만 생겼구요. 인생 조언 좀 해달라니까 강의 듣고 나오면 기억에서 바로 삭제될 이야기만 잔뜩 쏟아놓죠. 그런 사람들 다시는 보고 싶지 않을 만큼 자격지심만 커지더라구요. 무슨 초인적인 능력만 강요하잖아요.

더 웃긴 건 왜 그렇게 '미치라고' 강조하는지. 그러다 진짜 미친놈 되면 책임질 것도 아니면서. 미치지 않고 정상적으로 살면 무슨 큰일 날 것처럼 포장하고 무슨 낙오된 삶을 살고 있는 것처럼 겁이나 주고 말예요. 적당히 미치면 열정이지만 너무 미치면 머리에 꽃 꽂아요. 처음에는 강의 경청하다가 시간이 지날수록 이런 생각이 들더군요.

'당신 참 대~~~단 하십니다. 난 그냥 평범한 보통 사람 할랍니다.'

희망을 얻는 것이 아니라, 더 좌절했던 것 같아요. 그 사람들이 했던 것 나는 할 자신이 없으니까요. 그리고 더 속상했던 것은 소위 '이 시대의 멘토'라고 하는 분들은 한국에서 손가락 안에 꼽히는 유명대학에서만 강연을 해주더군요. 이름이 없는 대학교의 학생들은 상대적으로 그런 기회마저도 박탈되죠. 그런 경험을 가질 기회가 거의 없구요. 완전 불공평한 거죠.

어떤 문제를 해결하지 못한 학생에게 가장 큰 도움이 되는 사람은 선생님이 아니래요. 지금 막 그 문제를 해결한 또래 친구래요. 힘들어하는 친구가 어떤 부분을 가장 어려워 할지, 어디 부분을 가장 답답해할지는 지금 막 문제를 해결한 또래 친구가 가장 정확하게 알려줄 수 있는 거죠.

나도 A에게 그런 또래친구가 되어 주고 싶네요. 명문대 나오고 해외에서 석·박사 학위 받은 성공한 사람이 A에게 전하는 판에 박힌 이야기 말고 20대를 막 지나오고 실패를 밥 먹듯이 한 내가 A에게 정말 필요한 이야기 해주고 싶어요. 잠을 줄여라, 책을 몇 백 권 읽어라, 몇 시간 몰입을 해라 무조건 열정을 가지고 뛰어들어라 등등. '안드로메다'에서나 통하는 이야기 말고 진짜 우리 삶에 적용할 수 있는 그런 이야기들이요.

우선은 연애, 취업, 전공 공부, 진로 문제, 부모님과 갈등, 주변 사람들과 갈등, 재정문제 등등 어렸을 땐 하지도 않았던 고민들 때문에 지쳐있을 A에게 마음의 비타민을 주고 싶어요. 우선은 마음을 좀 회복시키는 것이 가장 필요할 것 같구요.

그 다음에, 대학생들이 공통적으로 하는 고민 이야기하려구요. 시간이야기도 해야죠. 대학생활하면서 분명이 시간이 차고 넘치는데 시간과 에너지를 어디에 투자하고 내 인생의 비전은 어떻게 준비해야 하는지 모르겠죠. 하고 싶은 일 하면서 행복하게 살고 싶은데 결국엔 공무원 준비할까 봐 겁나죠. 고등학교 때까지는 공부를 곧잘 한다고 생각을 했는데 20대 들어와 보니까 이건 뭐 완전 바보된 것 같고 무엇을 공부해야 하고, 어디서부터 어떻게 해야 하는지도 모를 거예요.

나는 '안드로메다'에서 온 사람들처럼 자랑할 것이 없어요. 아, 자랑할 것 하나 있네요. 20대 때 누구보다 많이 실패했고, 마음속으로 누구보다 많이 울어봤고, 누구보다 많이 좌절해봤죠. 누구보다 많이 실패를 딛고 일어서려고 아등바등해봤다는 것. 그게 내 가장 큰 자랑이에요.

그래서 A에게 내가 겪었던 시행착오, 실패 이야기를 미리 해주면 내가 당연하게 겪었던 시행착오와 불필요한 실패를 줄일 수 있겠죠. 그것이 내가 A에게 도움 줄 수 있는 최선이구요. 20대에는 지혜와 지식을 같이 키워야 해요. 짧지 않은 인생을 살아갈 때, 지혜가 지식보다 훨씬 중요하죠. 그런데 정작 우리는 지혜를 배워 본 적이 없어요. 학교 교육도 입시, 취업에 미쳐있구요. "미쳐라, 미쳐라." 하더니 결국은 학교 교육이 미쳐있더군요.

A에게 가장 필요한 이야기를 세 가지 영역으로 나누어 봤어요.

1. 최고의 경쟁력은 인성

2. 시간은 선택의 문제

3. 공부

　최대한 A가 공감할 수 있는 내용들로 채우려고 노력했어요. 이야기 듣고 자동으로 기억에서 삭제되는 잔소리 말구요. 지금 A에게 진짜 필요한 이야기.

　아프니까 청춘이래잖아요. 아픈 거 당연한 거예요. 대학생활, 20대 생활을 인생에서 처음 해보는 건데 당연히 서툴고 어렵죠. 뭐가 뭔지 모르겠고. 이야기 시작할 테니 허심탄회하게 속 이야기 좀 해보죠.

Part 1
최고의 경쟁력은 인성

IT장비가 넘쳐나고 새로운 기술이 쏟아져 나와도 21C 최고의 경쟁력은 인성이에요. 결국은 사람이 재산이죠. A가 비전, 열정, 성실, 열심, 꾸준함, 리더십, 따뜻한 가슴, 배려, 용기, 긍정적 사고, 유머 등의 요소를 갖추고 있다면 A의 성장 가능성은 무궁무진해요. 기업의 경영자들도 결국엔 능력 있는 사람보다 믿을만한 사람, 배신하지 않는 사람, 좋은 인성, 좋은 성품을 가진 사람들을 원한다고 하더군요.

이 원리는 세계 어디에서나 마찬가지일 거예요. 흔히 말하는 전공능력, 전문능력은 일정한 시간 동안 집중적으로 시간과 에너지를 쏟아부으면 어느 정도 수준까지 향상돼요. 또한 다른 사람들과 비슷한 수준까지 올라가죠.

하지만 인성이라는 것은 '좋은 인성 키우기 속성 학원'을 다닌다고 좋은 교육을 받았다고 해서 원하는 시간 내에 절대 향상되지 않아요. 그렇기 때문에 좋은 인성, 좋은 성품이 희소성이 있어요. 최고의 경쟁력이 될 수 있는 거죠.

A도 잘 아는 것처럼 우리나라는 역사적으로 유례없는 경제성장을 이루었죠. 일제 식민지, 6·25전쟁과 같은 큰 위기 때문에 망가질 대로 망가진 나라였어요. 그런 우리가 50~60년 만에 세계 10위의 경제 강국으로 성장했죠. 기적이에요. 세계적으로 이런 나라가 없어요. 한국에서 태어난 것 꼭 감사하고 살아야 돼요.

그런데 이러한 급성장으로 인하여 부작용이 발생했어요. 지식교육과 기술교육은 숱하게 했지만, 지혜 교육은 한편으로 미뤄두었죠. 이제는 나라가 먹고 살만해져서 잊고 있던 지혜 교육을 해보려고 하지만 난감하기만 하죠. 해본 적이 없거든요.

어설프게 다른 나라 교육을 흉내 내다가는 당연히 실패하죠. 나라마다 정서가 다르니까요. 또한 학교에서 가르치려고 해도 눈에 보이지 않는 가치인지라 어렵기만 해서 형식적인 교육만 하고 있죠. 결국엔 윤리시간에 유명한 학자 이름 외우는 식이죠. 그마저도 시험에 안 나오면 관심도 없구요.

또한 우리 사회는 어렸을 때부터 경쟁구도를 조성하고, 인성의 성장은 암묵적으로 뒷전으로 미뤄둬요. 온갖 스펙 쌓기에 열을 올리도록 강요당하고 있어요. 그렇게 스펙을 쌓았지만, 모래 위에 성을 쌓은 것처럼 약간의 시련만 오면 모든 것들이 무너지는 경우가 많아요. 모래성을 든든히 받쳐줄 인성이라는 반석이 없으니까 순식간에 무너지죠.

물론 20대 때부터 직업적 능력과 전문적인 능력을 키우는 것이 중요하죠. 하지만 짧지 않은 인생을 지혜롭게 살아가기 위해선 지식보다 더 중요한 것이 지혜예요. '전공적인 능력+좋은 인성'을 동시에 성장시킬 수 있도록 A의 시간과 에너지를 사용해야 함이 분명하죠. 좋은 인성, 좋은 성품이라는 부분에 많은 영역이 있겠지만, 나는 A에게 4가지 영역을 강조하고 싶어요. 고통과 시련의 의미, 열정, 기초의 중요성, 따뜻한 마음입니다.

이야기가 길었네요. 바로 마음의 비타민 섭취 시작하죠.

고난 = 축복

'고난이 축복이라고? 이 사람이 장난하나? 지금 힘들어서 짜증나는데 누구 놀리나? 고난이 축복이면 당신 실컷 하지? 그런 말은 나도 하겠네.' 이런 생각하고 있죠?

나도 그랬어요. 나이 든 사람들이 잔소리처럼 뻔한 소릴 하면 괜한 반발심부터 생겼던 것 같아요. 또 교과서적인 이야기하고 있다면서 말이죠. 그런데 지나고 보니 고난이 축복이라는 말 거짓말이 아니더라구요.

내 이야기를 좀 할게요. 어렸을 때 욕심이 무척 많았어요. 그래서 원하는 것을 다 얻어야 하고, 하고 싶은 것을 다 해야만 행복한 줄 알았어요. 고등학교 졸업하고 교사가 되려고 사범대를 갔죠. 그래서 누구보다 열심히 임용고시를 준비했어요. 도서관에서 살다시피 하면서 말이죠. 그런데 시험에 한 번 떨어지고, 두 번 떨어지고, 세 번 떨어지고…. 정말 너무나 힘들었어요. 답답했구요. 되는 일도 없고 정말 인생이 끝난 것 같았고 내가 이정도밖에 안되나 하면서 자책했어요. 당연히 자존감은 바닥까지 떨어졌죠.

맞아요. 고난이 무슨 축복이에요. 고난은 그냥 너무 아프고 힘들어요. 자존심 상하구요. 주변에서 나를 무시하는 것 같고 내가 만들어낸 돌덩이 같은 자격지심 때문에 사람들과 말도 섞기 싫었어요. 뉴스에서 나오던 이태백이십대 태반이 백수이 바로 나였어요. 그래서 집 밖에도 안 나갔어요. 유일한 낙이 컴퓨터로 예능프로그램 다운 받아서 보는 거였어요.

그냥 생각 없이 웃고 있으면 힘든 생각이 들지 않으니까요. 고난은 축복이라는 말, 재기에 멋지게 성공한 사람들에게나 해당되는 말이지 나는 해당사항이 없더군요. 사람들 피해 다니면서 3개월을 살았어요. 그런데 어느 순간 그 생활도 질리더군요. 그렇게 어떤 것에도 얽매이지 않고 철저하게 혼자 보내는 시간이 많아지니 분주하게 살 때는 엄두도 못 냈던 고민을 하기 시작했어요. 진짜 고민 말이에요.

'지금 뭐하고 있는 거야?'

'왜 계속 시험에 떨어졌을까?'

'실패한 이유가 있지 않을까?'

'이제 죽을 때까지 뭐하고 살면 행복할까?'

'나는 뭘 잘하나?'

'나는 정말 술 마시는 것을 좋아하나?'

'왜 연애에 실패했을까?'

'정말 좋아하는 운동은 뭐지?'

'나는 성격이 왜 이 모양이지?'

'신앙생활 한 번 해볼까?'

'책 보고 글 쓰는 거 좋아했는데, 솔직히 말하면 사람들이 놀려될까봐 말 못했는데, 내가 좋아하는 거 실컷 하고 살고 싶다.'

등등 인생의 거창한 주제부터 사소한 것까지 참 많은 고민을 했어요. 너무나 많아서 쓸 수가 없네요. 편안할 땐 절대하지 않던 진짜 고민 덕분에 내가 원하는 답을 찾아가면서 삶이 다시금 재미있어졌어요. 전과는 비교도 안 되게 말이죠. 그런 솔직한 고민들 덕분에 다시금 인생을 재정비해서 진짜 원하는 삶을 살 수 있게 된 거죠. 그래서 삶의 밑바닥에 있었을 때 했던 고민들에 대한 답을 찾았더니, 어느 순간 사람들이 내가 좋아하는 것, 하고 싶은 것을 정확히 찾은 것이 부럽다는 거예요. 그때 그 생각이 들었어요.

'아! 그래서 고난이 축복이라고 하는 거구나.'

그렇게 고통 가운데 있으니까 어깨에 힘이 빠지고 생각에 교만이 빠지면서 정말 생각의 보물들을 찾을 수 있었어요. 내가 원하는 것을 원하는 때에 고통 없이 받기만 했다면 절대 찾을 수 없는 삶의 보물 같은 것들이에요. 이런 걸 보면 고통이 축복인 것은 확실한 거 같아요. 또한 너무나 감사해요. 고난의 시간 덕분에 삶의 숨겨져 있던 보물들을 찾았으니 말이죠.

요즘 많이 힘들고 지치세요? 그럼 억지로 피하지 말고, 실컷 아파하고 힘들어하세요. 다 괜찮아요. 그것도 필요하니까. 억지로 나오려고 발버둥 치면 더 아프고 힘들어요. 그렇게 아파하다 보면 어느 순간 머리가 맑아지는 날이 와요. 그런 다음에 웃으면서 툭툭 털고 일어나면 돼요. 반드시 원하는 답을 찾아서 일어날 수 있을 거예요. 고통의 시간 동안에 나도 모르게 내 안에서 답이 만들어져요.

힘든 일은 반드시 지나가요. 겁먹지 말아요. 분명히 상황을 이
겨낼 수 있을 거니까.

가벼운 삶

다이어트하라는 이야기가 아니에요. 물론 날씬하면 좋지만 말이죠. 요즘 A를 보고 있으면 항상 쫓기듯 지내는 것 같아요. 꼭 대학 다닐 때 내 모습 보는 것 같아서 참 안쓰러워요.

많이 바쁘죠? 할 일도 너무나 많고. 외계어같은 전공수업, 한라산같이 쌓여 있는 과제들, 의무적으로 하는 영어공부, 혹시나 몰라서 준비하는 자격증, 애인 없으면 능력 없단 소리들을 것 같아서 틈틈이 하는 소개팅, 명색에 대학생인데 1박 2일 여행, 부모님께 용돈 달라고 하려니 죄송해서 하는 알바, 친구관리·인맥관리 등등 할 일이 백만 개는 되는 것 같아요.

A한테 한 가지 물어볼게요. 하루하루 급한 불 끄는 것처럼 정신없이 지내고 있지는 않나요? 분명히 바쁘게 지내는 것 같은 데 내실은 없고 빈 수레 마냥 요란하기만 하지는 않나요? 분주하게 지내는 데 정작 남는 것은 없고 아마 그게 제일 속상할 거예요.

그렇게 생각이 복잡해지고 많아지면, A가 생각을 통제하는 것이 아니라 수많은 생각이 A의 삶을 통제하게 돼요. 완전 주객이 바뀐 거죠. 내가 대학시절 가장 후회되는 것 중에 하나가 쓸데없이 바쁘게 지냈다는 거예요. 정작 남은 게 없어요. 지혜롭고 현명하게 분주했어야 했는데 말이죠.

A의 하루 스케쥴이 너무 버겁고 힘들다면 그건 벌써 A가 감당할 있는 분량을 넘어섰는지도 몰라요. 그러다 몸과 마음 다쳐요. 살짝 삶에서 힘을 빼는 것이 현명한 것 같아요. 여백의 미 알죠? 우리가 흔히 보는 책도 한 페이지를 빼곡하게 채워져 있지 않잖아요. 빼곡하게 한 쪽을 다 채우면 더 많은 내용을 담을 수 있을 것 같은데 막상 그렇게 하면 숨 막히고 답답해서 쳐다보기도 싫은 거랑 비슷한 거예요.

분주하고 바쁘게만 지내면 정작 A를 위한 시간은 없어져요. 대학이라는 곳, 진지하게 고민하고 다양하게 경험하려고 간 거잖아요. A가 너무나 바빠지면 처음의 목적이 흔들리게 되는 경우가 많아요. 많은 것을 하려고 하지 말고 잘 생각해서 분별하고 선택했으면 좋겠어요. 대학생활하면서 꼭 필요한 것에만 집중하는 것이 맞아요. 다양한 경험이라는 이름으로 쓸데없는 것들을 할 필요 없어요. 굳이 하지 않아도 되는 경험도 있는 거예요.

그리고 'A 안의 진짜 A'와 대화하는 시간을 많이 가졌으면 좋겠어요. A가 무엇을 할 때 심장이 더 격하게 뛰는지, 무슨 일을 할 때 A도 모르게 입가에 미소가 흘러나오는지. 어찌 보면 몇 개

월 알바하는 것 보다 진짜 A와 솔직하게 대화하는 시간이 더 소
중하고 가치 있어요.

　뭐가 그리 바빠요? 하루하루 가볍게 지내요. 무거우면 멀리 못
가요. 가벼워야 훨훨 날아가죠.

최고의 수비는 공격

A는 축구 좋아하나 모르겠네요. 제목에서부터 벌써 느낌이 오죠? '최고의 수비는 공격'이라는 말, 참 멋있는 것 같아요. 열심히 공격을 하다 보면 상대 팀은 우리 팀을 공격 못하니 자연스럽게 방어가 되는 거잖아요. 감기가 걸리면 병원에 가서 주사 맞고 약 먹는 것이 좋아요. 하지만 그것보다 더 좋은 방법은 평소에 운동을 꾸준히 해서 면역력을 높여 놓는 거예요. 휴식과 영양을 충분히 취한 몸은 바깥에서 쳐들어오는 적에 대해서 자동적으로 저항하잖아요. 그렇게 되면 감기에 크게 신경을 쓰지 않아도 돼요. 조금 거창하게 표현하면, 악과 싸우는 것도 좋지만 악의 반대인 선을 강화시키려고 노력하는 게 더 멋있는 거 같아요.

나 역시 열심히 생활하다가 어느 순간 유혹에 빠져서 넘어지고 후회했던 경험이 너무나 많아요. 게으름, 음란함, 무절제와 같은 유혹이 나를 덮치면 맥없이 주저앉아버리곤 했어요. 그렇게 되면 나를 집어 삼킬 듯한 후회가 밀려와서 또 한 번 아파했어요. 이렇게 되면 내가 진거죠. 그러지 말고 악을 이길 수 있도록 선의 능력을 키우는 것이 좋을 것 같아요. A가 지금까지 인생을 살아오면서 배우고 쌓아온 삶의 지혜들을 실천할 때가 온 거죠.

인내로 조급함을 이기고, 긍정적인 생각으로 부정적인 생각을

밀어내고, 절제로 쾌락을 떨치고, 긍정과 배려로 이기심과 과욕을 누를 수 있어요. 그렇게 되면 A는 건강하고 매력적인 사람으로 성장할 거예요. A 주변에는 선물처럼 좋은 사람들이 많아질 거구요.

말은 쉽다는 거 알아요. 이렇게 말하는 나도 잘 안 되는데 당연히 어렵죠. 그런데 노력은 해야 하잖아요. 오늘보다 내일 조금 더 좋아지고, 그 다음날 조금 더 좋아지면 그것도 충분히 잘하고 있는 거예요. 최고의 축구팀도 하루아침에 완성이 되지 않듯이 악을 이길 수 있는 삶의 지혜들도 짧은 시간에 자라지는 못하죠. 그런데 꾸준히 실천하다 보면, 평소에 열심히 운동하는 사람이 감기 걱정을 안 하는 것처럼 여러 가지 면에서 자유로워질 거예요.

절대 포기는 하지 말아요. 오늘 졌으면 어때요? 내일 또 해보면 되지. 괜찮아요. 계속 성장하고 있는데 뭐가 걱정이에요.

나를 살리는 가장 좋은 방법, 위로와 격려

A는 부모님, 가족들이랑 사이가 좋은지 궁금하네요. A 곁에 있어주는 소중한 가족, 친구들은 당연하게 옆에 있어주는 사람들이란 생각을 하나요? '가족이니까 옆에 있는 게 당연하지' '친구면 그 정도는 해 줘야지'처럼 말예요. A가 꼭 기억했으면 하는 것이 있어요. 이 세상에 당연한 것은 없어요.

나는 학창시절 너무나 이기적이었어요. 성격도 참 뾰족했구요. 어찌나 뾰족했던지 틈만 나면 주변 사람들을 찌르고 상처를 줬으니까요. 나한테 어떤 문제가 발생하거나, 힘든 일이 생기면 무슨 특권을 가진 것처럼 주변사람들에게 짜증을 냈어요.

스스로를 돌아보는 것이 아니라, 주변사람들을 원망하고 환경 탓을 하곤 했죠. 그러니까 당연히 항상 마음이 불안하고, 불행하다고 느꼈던 것 같아요. 너무나 어리석었죠. 나한테 왜 그런 일이 일어났는지 이해가 안 된다며 어떻게든 나 아닌 다른 곳에서 이유를 찾으려고 했어요. 그러는 과정에서 꼭 소중한 사람들에게 심한 말을 해서 상처를 주더라구요. 일부러 그런 것도 아닌데 내 뜻과는 다르게 상처를 줬어요. 더 웃긴 건 심한 말 하는 나는 더 아팠어요.

그런데 내가 더 아픈 걸 들킬까 봐 더 강한 척하고 그랬던 것 같아요. 아픈 거 뻔히 알면서 또 하게 되더라구요. 그 당시에는 그렇게 해서라도 내 잘못이 아니라고 증명해 보이고 싶었나 봐요. 그렇게 하는 것이 나를 지키는 거라고 생각을 했어요. 결국 나의 어리석은 행동 때문에 둘 다 상처를 받는 거예요. 그 사람과 멀어지고 혼자가 돼요. 원망과 절망에 빠져서 하루하루 무의미하게 보낸 적이 많아요. 돌이켜 보면 그렇게 했던 모든 시간들이 나 자신을 한 발짝도 떼지 못하게 만들었던 것 같아요.

A는 힘든 일이 생기거나 짜증나는 일이 생기면 어떻게 대처하는지 궁금하네요. 제발 부탁이니까 나처럼 멍청하게 굴지 않았으면 좋겠네요.

참 신기해요. 내가 힘든 상황에 빠지면 세상에서 내가 제일 힘든 것 같고, 아무도 나를 이해해주지 않는 것 같잖아요. 나 아닌 다른 사람들은 마냥 행복한 것 같아서 더 짜증나죠. 힘든 상황에 빠지면 내가 알아서 마음의 벽을 사방으로 만들어내요. 그런 후에는 스스로 슬픈 드라마 속 주인공이 되죠. 다른 사람들이 나를 도와주려고 곁에 와도 스스로 만들어 놓은 벽 때문에 도와줄 수가 없어요.

그래놓고선 이렇게 주문을 걸어요. '역시나 나를 이해해주고

위로해주는 사람은 없구나. 그래서 세상은 혼자라고 하는 거구나.' 그러면서 벽은 더욱 더 두꺼워져만 가고 높아만 가죠. 이 모든 것들은 누가 시키지 않았는데 알아서 하는 거예요. 주변 사람들은 아무 짓도 안 했는데 말이죠. 그러니 내가 얼마나 마음이 아프고 힘들었겠어요.

그런데 세상 사람들이 모두 나 같지는 않더라구요. 나처럼 어리석지가 않아요. 비온 뒤에 땅이 굳는다고 힘든 일을 겪고 나서 더 단단해지고, 주변사람들과 전보다 더 잘 지내는 사람들이 있는 거예요. 너무나 놀랐어요. '어떻게 그럴 수가 있지?'

너무나 신기해서 그런 사람들을 유심히 관찰했죠. 열심히 관찰한 끝에 신기한 사람들의 공통점을 찾았어요. 그런 사람들은 자기 자신도 끔찍한 고통을 겪고도 그 고통에 무너지지 않고 오히려 다른 사람의 고통을 덜어주기 위해서 노력하는 거예요. 그러면서 자연스레 상처와 아픔들도 치유가 된다는 거예요.

그래서 나도 속는 셈치고 한번 해봤죠. 20대 후반에 개인적으로 너무 힘든 일이 있었어요. 하루하루 짜증 속에서 살아갈 때였어요. 그래서 정말 어떤 기대도 없이 교회에서 무료로 중고등부 학생들에게 수학을 지도한 적이 있었어요. 그때 정말 개인적으로 너무나 힘들었는데, 그 아이들을 가르치면서 정말 환하게 웃고 있는 나를 발견했어요. 그 아이들을 만나는 것이 기다려졌어

요. 수업이 끝나고 같이 간식을 먹으며 서로 농담하고 웃으면서
어느 덧 내 힘듦은 잊혀져갔죠. 그러면서 거짓말처럼 힘든 순간
을 잘 넘길 수가 있었어요. 보너스처럼 그 아이들은 내 삶의 소
중한 친구들이 됐구요. 놀랍죠?

　세상에 근심 없는 사람은 없어요. 슬픔의 짐을 지지 않은 사람
은 하나도 없어요. 상황을 어떻게 해석하고 받아들이느냐에 따
라 삶이 달라지죠. A도 힘든 상황이 오면 선택을 해야 돼요. 그
고통이라는 것을 성장하기 위한 디딤돌로 삼을 것인지 더 깊고
어두운 늪으로 삼을 것인지 말이죠. 세상이 아무리 변해도 내가
변하지 않으면 세상은 항상 제자리래요. 그런데 내가 변하면 세
상도 변한다고 하잖아요.

　요즘 많이 힘들다고 했죠? 맞아요. 지금 고통 가운데 있는 거
예요. 자, 이제 선택해요. 그 고통이란 녀석 디딤돌로 삼을 건지
아님 늪으로 삼을 건지.

행운? 불운?

A는 이 글을 보면서 어떤 생각이 들었나요? 내게는 참 많은 위로가 됐었어요. 젊음의 때 내가 계획한 대로 일이 술술 풀려간다면 조심해야 돼요.

내가 교사 임용시험 3년 연속 떨어졌던 것은 전에 이야기 했죠? 그때는 시험에 떨어진 그 자체가 불행이라고 생각을 했죠. 그런데 지금 와서는 주변 분들에게 그때 시험을 매번 떨어진 것

이 얼마나 다행인지 모른다고 이야기를 해요. 진심으로요. 정말 다행이에요. 임용시험 떨어진 덕분에 정말 인생을 걸고 하고 싶은 일을 찾았거든요. 그러니 임용시험 떨어진 것은 불행이 아니라 장기적으로 보면 행운이잖아요. 그런데 사람이란 게 원래 그렇잖아요. 안 좋은 일은 당장 힘들다고 안 좋게 보이고, 좋은 일은 당장의 편안함 때문에 꼭 껴안고 싶어지잖아요.

A가 길을 잃게 되면 그게 꼭 나쁜 일은 아니에요. 다른 길을 더 많이 알게 될 수 있어요. 예를 들어 A가 대학입시에서 떨어졌다고 해보죠. 그게 문제가 될까요. 이 세상의 자수성가한 백만장자가 중 85퍼센트가 대학 학위가 없어요.

나도 처음엔 교사가 안 되면 큰일 나는 줄 알았어요. 아니, 한국에 괜찮은 직업은 교사밖에 없는 줄 알았어요. 절대 아니에요. 세상에는 내가 할 수 있는 일, 잘 할 수 있는 일이 너무나 많아요.

만약에, 내가 임용고시를 한 번에 붙어서 교직생활을 하고 있다면, 이렇게 글을 쓰고 강의를 다니는 일은 꿈에도 생각 못했을 거예요. 매달 들어오는 안정된 월급 때문에 안일하게 살았을 거예요. 그러면 임용시험을 한 번에 붙은 것은 지금 당장은 행운이지만 장기적으로 보면 나에겐 불행인거죠. A에게 벌어진 어떤 일이 당장은 A를 몹시 실망스럽고, 좌절하게 만드는 일로 보일지도 몰라요. 하지만 절대 그것이 다가 아니에요. 당황스러운 일, 전혀 기대하지 않았던 엉뚱한 사건, 절대 겪고 싶지 않았던 경험, 이 모든 것들은 그 자체로 평가해서는 안돼요.

지금 당장 하고 있는 일이 혹은 A가 지금 처한 상황이 꼬여만 간다고 해서 무작정 절망할 필요는 없다는 거예요. 동트기 바로 직전이 가장 어둡고 캄캄한 거 알죠? 그리고 해는 반드시 뜬다는 것도요. 힘든 일은 반드시 지나가요. A가 이것을 도전했다가 실패하고 저것을 도전했다가 실패했다고 하는 것들은 모두 다 나름의 가치가 있어요. 시간이 지나서 그 모든 사건들이 A에게 어떻게 혜택을 줄지는 아무도 몰라요. 그래서 지금 당장 힘들고 어렵다고 스스로 상황을 안 좋게 만들면 안돼요. 인생을 망치는 행동을 해서는 절대로 안돼요.

A는 지금도 충분히 잘하고 있어요. 또한 능력도 넘쳐나는 거 알죠? 그러니까 절대 약해지지 말고 심호흡하고 파이팅해요. 넘어졌다면 그냥 툭툭 털고 미소 지으면서 일어나요. 넘어질 때 마다 새로운 것을 하나씩만 주워서 일어나요. 그러면 그것은 넘어진 게 아니에요. A가 생각지도 못한 귀한 것을 주우려고 잠깐 숙이고 엎드린 것뿐이에요.

모든 것은 다 나름의 가치가 있어요. 한결 마음이 가벼워졌으면 좋겠어요.

시련은 그대의 힘

지금까지 내가 보냈던 편지내용이 많은 도움이 되었는지 모르겠어요. 그런데 오늘 이외수 선생님 책을 보다가 문득 해주고 싶은 이야기가 생각나서 이렇게 또 글을 써요.

나는 고등학교, 대학교 생활을 하면서 부유한 부모님을 만나서 모든 조건이 풍족한 친구들을 보면 괜한 질투심이 생기곤 했어요. 그리고 계속 그 친구 집안과 우리 집안을 비교하면서 더 짜증을 냈던 것 같아요. A도 이런 경험이 있나 모르겠네요.

우리 집은 가정형편이 넉넉지가 않았어요. 그리고 부모님은 많이 배우신 분들이 아니에요. 때론 그런 사실이 부끄러워서 숨기거나 거짓말을 했어요. 아침에 눈떠보면 부모님은 일터로 나가셔서 언제나 내가 아침을 차려먹었고 TV 속에 나오는 가족 간의 따뜻한 대화는 상상할 수도 없었어요.

저는 30여 년 동안 기억에 남는 가족여행을 가본적이 없어요. 당연히 여행가서 가족끼리 찍은 사진도 몇 장 없어요. 그래서 참 속상해하면서 어린 시절을 보냈어요. 그런데 문득 이런 생각이 들었어요.

'내가 당연히 겪고 있는 아픔들 내가 가지고 있는 당연한 감정

들은 나 아닌 다른 사람들은 당연하게 겪질 못하는구나.' '나만 느낄 수 있는 거네.'

돈 없는 사람들이나 배고파서 힘들어 하는 사람들을 보면 어렸을 때의 나를 보는 것 같아 나도 모르게 주머니를 뒤지고 있었어요. 뭐라도 줘야 할 것 같아서요.

그렇게 원망스러웠던 부모님께 배운 것이 있어요. 나는 아침 6시쯤에 일어나요. 눈을 비비며 거실에 나오면 당연히 집은 비워 있죠. 아버지는 새벽부터 일을 나가셨고, 어머니는 내가 먹을 아침식사를 준비해놓고 일을 가셨죠. 나는 아직까지도 아버지께 혼나요. '너 그렇게 게을러서 어떻게 살래?' 하고 말이죠. 내 주변 지인들 사이에선 완전 부지런한 사람인데 아버지한테는 여전히 게으른 아들인 거죠. 어렸을 때 그렇게 부끄러워했던 부모님께 인생 살아가는데 가장 귀한 부지런함을 배운 거예요. 그것도 당연히 공짜로요.

그런데 그 당연한 것이 그냥 저절로 생기는 것이 아니에요. 시련과 아픔을 겪어본 사람만이 얻을 수 있는 선물 같은 거예요. 결국은 누가 더 많은 사람을 이해해주고 감싸주고 포용해 줄 수 있느냐에 따라서 사람의 인격과 성품이 정해지는 것 같아요.

하나의 시련은 하나의 경험이에요. 많은 시련은 많은 경험이

되겠죠. 훗날 많은 경험들은 A를 더 많은 사람을 품을 수 있는 큰 사람으로 만들어줄 거예요. 또한 한 아이의 아버지, 어머니가 되었을 때 A가 너무나 사랑하는 자녀를 더 큰 사람으로 키울 수 있는 A만의 삶의 교과서를 가지고 있는 거죠.

A에게 찾아온 시련은 오직 A만이 경험할 수 있는 거예요. A만이 가질 수 있는 재산이에요. 그 시련 덕분에 A가 엄청 성장해 있을 거예요. 기대하고 있을게요. 훌쩍 자라있을 A를.

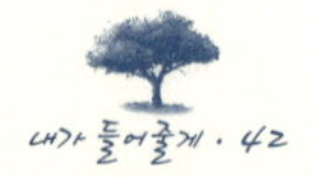

나만의 인생 시간표

점점 여름이 오네요. 날이 어찌나 더운지. 조금만 움직여도 땀이 나네요. 이럴 때일수록 건강관리 잘하고, 호환마마보다 더 무서운 여름감기 조심하구요.

이야기를 듣자하니 A 요즘 날 더운 것보다 더 열 받는 일 있다면서요? 소위 '잘 나가는' 친구들 때문에 속상해 하고 있단 이야기 들었어요. 짜증나죠. 엄청 부러운데, 부러우면 지는 거라고 항상 들어와서 티는 못 내고. 아마 속이 말이 아닐 거예요. 오늘은 그 이야기를 좀 해보죠. 남들이 부러울 땐 어떻게 해야 하는지에 대해서요.

나도 어렸을 때, 항상 남들과 비교하면서 살아온 것 같아요. 그래서 옆에 있는 친구보다 내가 조금 더 성적이 잘 나오거나 멋을 좀 더 잘 내면 괜히 으쓱했어요. 그리고 나보다 잘난 친구들은 괜히 인정해주기 싫어서 말도 안 되는 트집을 잡아서 어떻게든 끌어내리려고 했어요. 그렇게 지내니 행복했겠어요?

대학 졸업하고 끝나지 않을 것 같던 백수 시절, 고등학교 동창, 대학동기들은 하나 둘씩 직장을 잡는 거예요. 대기업에 취업한 친구, 교사 임용시험에 합격한 친구, 해외 유학을 떠나는 친구, 대학원에 진학하는 친구 등 나만 완전 바닥에 있는 기분이었죠. 그렇게 2년이 지나니까 부러움이 사라지는 게 아니고 더 심해지더라구요. 직장 잘 잡았던 친구가 새 차를 몰고 나타나는 거예요. 환한 미소를 지으면서 말예요. 미치는 줄 알았어요. 속으로 그랬죠.

'좋냐? 좋단다. 난 부러워 죽겠다.' 속으론 그러면서 겉으론 축하한다고 말해줬는데 울 뻔 했어요. 거기서 완전 기 죽었죠.

또 다른 친구들을 인터넷상에서 만나면 해외 여행가서 완전 신나서 찍은 사진, 애인이랑 다정하게 찍은 사진, 부모님 선물 사 드렸다는 친구 등등 다 행복하게 지내더군요. 나만 뭐하고 사는 건가 싶고 그러면서 나 자신만 원망하고 지냈던 것 같아요.

이렇게 지내면 가장 무서운 게 나만의 행복이라는 게 없어진다는 거예요. 행복의 기준이 항상 내가 아닌 다른 사람이 되는 거예요. 주변 상황에 휘둘리는 거죠. 계속 비교하고. 나보다 잘난 사람을 보면 불행하고 나보다 못나 보이는 사람을 보면 행복해하고…. 비겁한 거죠.

그런데 그런 친구들이 가끔 나보고 부럽다고 하더군요. 인생에서 뭘 하고 싶은지 제대로 찾은 것 같다구요. 그 친구들이 행복하게 지낼 때 나는 인생에 대해서 고민하고 고민했던 것 같아요. 그래서 평생하고 싶은 것을 찾았구요. 앞으로 그 친구들이

나처럼 많은 시간 인생에 대해서 고민해볼 시간이 있을까요? 어떤 것에도 얽매이지 않은 채 말예요.

언젠가 나도 그 친구들이 했던 것을 누릴 수 있겠죠. 그것이 지금 당장은 아니지만요. 그런데 더 감사한 것은 훗날 내 사랑하는 부인, 아이들, 소중한 사람들과 그 추억을 만들어낼 수 있다는 거예요. 그러니까 부러워할 것은 없죠. 나한테 그 시간이 반드시 올 거니까.

"20살에는 반드시 대학을 가야 되고, 20대 중 후반에는 괜찮은 직장에 취업을 해야 되고, 33살 전에는 결혼을 해야 한다." 이렇게 못하면 무슨 낙오자인 것처럼 말하죠.

그런데 이건 누가 정해놓은 거예요? 헌법에 저렇게 쓰여 있지 않아요. 누가 만들어 놓은 건지도 모르는 기준 때문에 아파하고 힘들어 하는 것은 너무나 어리석은 거예요. 사회가 정해놓은 기준과 주변 사람들의 인생의 타이밍에 A의 시간표를 맞추면 A만 너무 불행해져요. 항상 내 시간표와 다른 사람의 시간표를 비교하면서부터 고민과 갈등이 시작되죠.

A, 인생 시간표와 스케줄을 따라가요. 그게 A의 인생이에요. 다른 사람 것 흉내 내고 따라가다가 정작 A의 인생이 원치 않는

방향으로 갈까봐 걱정돼요.

나 역시 아직도 진로 때문에 고민하고 있어요. 지금은 학교에서 학생들을 가르치고 있지만 자기 계발 전문 강사라는 최종 목적지를 향해 오늘도 조금씩 준비하고 있어요. 책보고 글 쓰고 강의하고 사람들과 만나서 이야기하고…. 이때가 가장 행복하거든요.

각 계절마다 피는 꽃이 다른 것 알죠? 사람도 그런 것 같아요. 10대가 전성기인 사람이 있고, 20대가 전성기인 사람이 있고, 계속 빛을 못 보다가 4, 50대에 전성기를 누리는 사람이 있는 거잖아요. 그러니까 사람마다 인생의 꽃이 만개하는 타이밍이 다른 거예요. 반드시 A의 능력과 인성이 활짝 만개하는 날이 와요. 그러니까 쓸데없이 다른 사람과 비교하면서 의기소침해 할 이유가 없어요.

혹시 알아요? A가 부러워하던 그 친구가 어느 날 A를 부러워하게 될지. 아무도 모르는 거니까 어깨 당당히 펴고 A의 계절을 준비해요. 절대 포기하지 말고 A가 정해놓은 목표에 시선을 고정하고 뚜벅뚜벅 걸어가요. 그게 제대로 살고 있는 거예요. 뚜벅뚜벅 걸어가면서 주변의 아름다운 풍경과 자연 감상은 삶의 보너스구요.

실패보다 무서운 것

폴란드의 유명한 피아니스트 파데르브스키는 첫 레슨을 받고 나서 선생으로부터 "네 손은 조막손이니 아예 그만두는 게 좋겠다"라는 말을 들었다.

불후의 테너 가수 카루소도 처음 노래를 부르고 나서 "구멍 뚫린 물풍지에서 나는 목소리"란 혹평을 들었다.

월트 디즈니가 처음 만화원고를 들고 신문사를 찾았을 때 "수준 이하"라는 말을 들으며 거절당했다.

자동차 왕 포드는 첫 자동차를 만든 후 후진 기어를 안 달았다는 사실을 알았다.

"인생을 망치는 것은 실패가 아니라 좌절이다."

우리는 어렸을 때부터 실패는 위험한 것이라고 배워 왔고 실패는 될 수 있는 한 하지 않는 것이 좋다고 배워 왔어요. 나도 그랬던 것 같고 아마 A도 그랬을 거예요. 그런데 정말 그럴까요? 실패하면 정말 인생에서 큰일이 날까요?

대학시절 학점이 완전 겸손하더라구요. 학점 실패했죠. 사랑하는 여자친구랑 헤어지면서 세상이 끝나는 줄 알았어요. 연애에 실패했죠. 대학시절 ROTC를 지원했다가 떨어졌어요. ROTC 실패했죠. 이제 말하기도 민망하네요. 교사임용시험 세 번 떨어졌죠. 취업 실패했구요. 셀 수도 없이 많아요. 너무 많아 부끄러워서 못쓰겠어요.

저렇게 다양한 분야에서 일관성 있게 실패하는 것도 쉬운 일은 아니에요. 민망하네요. 그런데 지금 행복하게 잘 살고 있어요. 밥 세끼 꼬박꼬박 잘 챙겨 먹어요. 좋아하는 책 사서 실컷 보고 사랑하는 친구들과 커피 숍 가서 실컷 수다 떨어요. 내가 좋아하는 글도 쓰고 블로그 운영하고 기회 되면 강의 다니구요. 대학원도 다니고 있구요.

대학시절 겸손한 학점 덕분에 내가 정말 좋아하고 싫어하는 분야 알게 되었고, 숱하게 연애 실패하면서 여자한테 어떻게 대해야 할지 문제가 뭐였는지 깨달았고 심하게 차여도 걱정 마요. 밥만 잘 먹더라구요. 괜히 굶고 그러지 말아요. ROTC 실패 덕분에 육군 일반병으로 가서 2년 동안 소중한 전우들과 미치도록 재밌게 군 생활했고 교사 임용시험 계속 떨어진 덕분에 평생 하고 싶은 것 찾았어요. 실패하게 해준 녀석들한테 고맙다고 말하고 싶을 만큼 감사하죠. 실패를 했다는 것은 도전을 했다는 뜻이에요. 실패를 했다는 것은 끝난 것이 아니라 새로운 것을 하나 더 배웠다는 뜻이에요. 다수의 실패의 경험은 A 안에서 숙성되어 훗날 A를 더 크고 가치 있는 사람으로 만들어 줄 토대가 될 테니 감사할 일이죠.

실패보다 더 나쁜 것이 좌절이에요. 젊은 시절 도전과 실패는 A의 가치를 입증해 주는 가장 중요한 자산이에요. 걱정 말아요. 도전하고 실패하고 배울 게 산더미인데 걱정을 왜 해요? 맘껏 실패하고 맘껏 배우세요.

인생의 신호등

얼마 전 운전을 하고 가다가 교차로에서 신호 대기 중이었어요. 황색에서 적색으로 신호가 바뀌는 순간 차 한 대가 급하게 달려가더라구요. 그런데 차 운전자가 앞에 있던 오토바이를 못 보고 사고가 났어요. 오토바이 운전자는 크게 다쳤죠. 앰블런스가 오고 오토바이는 심하게 파손됐고 오토바이 운전자는 말할 것도 없이 심하게 다쳤구요. 아직도 그 차 운전자의 당황하고 공포에 질린 얼굴이 기억이 나네요. 오토바이 운전자가 하루 빨리 쾌유하길 바라면서 사고현장에서 멀어졌던 기억이 있어요.

A도 혹시 운전을 하면 조심히 하고 항상 차 조심해요. 이런 걸 보면 신호등과 우리 인생이 비슷한 것 같다는 생각이 들어요. 신호등에서 빨간불이 들어오면 모든 차는 멈춰야 돼요. 그리고 파란불이 되면 주위를 살피고 출발하구요. 이 간단한 약속을 지키지 않으면 정말 큰 사고가 나요. 가끔 신호위반을 해도 아무런 사고가 나지 않을 때도 있죠. 그런데 '이번에도 괜찮겠지' 하고 몇 번 하다 보면 나도 모르는 순간 큰 사고가 날 수도 있어요.

인생에서도 빨간불이 켜질 때가 있잖아요. 시험 실패, 건강악화, 사랑하는 사람과의 이별, 열심히 준비한 일이 생각처럼 풀리지 않을 때, 부모님과의 불화, 원치 않던 진로 선택 등등 A를 힘들 게 하는 일이 발생하면 인생에 빨간 불이 켜진 것이 맞아요.

신호등에서 빨간불의 의미 알죠? 우선은 그 자리에서 멈추고 숨고르기를 해야 돼요. 빨간불을 봤는데도 불구하고 전진하면 지금보다 상황이 더욱 더 악화될 수 있어요. 인생에 빨간불이 켜진 데에는 분명 그럴만한 이유가 있을 거예요. 시험에 떨어졌다면 준비 과정에서 방법적인 것이 틀린 것은 아니었는지, 사랑하는 사람과 헤어졌다면 이기적으로만 행동하지는 않았는지, 건강이 악화되었다면 무절제하고 본능적으로만 생활한 것은 아닌지, 원치 않던 진로를 선택했다면 내 인생에 대해서 너무 무책임하게 선택한 것은 아닌지, 돌아봐야 한다는 신호인지도 몰라요.

이렇게 숨 고르기를 하면서 작은 것부터 하나씩 하나씩 생각해보는 것이 필요해요. 짜증내고 불평불만할 것이 아니라 A가 지금 놓치고 있는 부분을 점검하고 수정하기 위한 신호예요. A도 알겠지만 신호등에서 빨간불은 오래 지속되지는 않아요. 반드시 파란 불은 켜지고 언제 그랬냐는 듯 열심히 달려갈 수 있죠. 우리가 목적지에 갈 때까지 신호등 때문에 가다 서다를 반복하잖아요. 신호등과의 약속을 잘 지키면 원하는 목적지에 안전하게 도착할 수 있어요.

우리 인생이랑 많이 비슷한 거 같아요. 요즘 A는 인생에서 빨

간불이에요? 아니면 파란불이에요? 뭐, 어떤 색이면 어때요? 빨간불은 나를 점검할 수 있어서 좋고 파란불이면 신나게 달릴 수 있어서 좋은데요.

행복을 찾는 지름길

오늘은 A한테 나의 가장 친한 친구 이야기를 좀 해주려고요.

어렸을 때 항상 붙어 다녔던 친구가 있어요. 내 반쪽 같은 친구. 어렸을 때 항상 같이 장난치고 싸우기도 하고 한때는 관계가 소원했던 적도 있지만, 언제부턴가 눈으로 이야기할 수 있는 친구 말이에요. 그렇게 의형제 같은 친구가 있어요.

우리가 21살 되던 해, 항상 붙어 다녔던 친구가 군대를 갔어요. 강원도 102보충대로. 물론 같이 갔죠. 친구 입대하는 모습도 보고, 친구 어머니 모시고 집으로 잘 왔죠. 시간이 지나 그 친구는 훈련소를 퇴소하고 의경으로 차출되어 단양에서 의경생활을 시작했죠. 그런데 건강하게 잘 지내고 있는 줄로만 알았던 친구한테 갑작스레 연락이 왔어요.

"영제야, 나 서울 경찰병원이야."

"입원했어? 왜 어디 아파?"

"심한 건 아니고, 보고 싶으니까 문병이나 와라."

"응, 바로 갈게."

그래서 어떠한 의심도 없이 문병을 갔죠. 그런데 병실 문 들어가며 느껴지는 이상한 분위기 알죠? 친구 어머니 울고 계시고, 감히 말을 꺼낼 수 없는 그런 분위기요. 친구 어머니하고 이야기를 했어요. 친구 정식이가 재생불량성빈혈이라고. 저는 그런 단어 처음 들어봤어요. 혈액암이라고 하시더군요. 백혈병 사촌격인 아주 몹쓸 병이에요. 그걸 듣고 집에 와서 얼마나 펑펑 울었는지 몰라요. 항상 곁에 있던 반쪽을 잃을 거 같아서요.

그런데 내가 지금 이렇게 웃으면서 글을 쓸 수 있는 것은 지금은 그 친구 결혼해서 아들, 딸 낳아서 너무나 행복하게 살고 있어서예요. 정말 하고 싶은 일하면서요.

혈액암 판정받고 정말 다 내려놓았대요. 죽을 수도 있겠구나 생각하면서. 그때 정말 많은 생각을 했고 기도도 많이 했다고 하더라구요. 그런데 정말 기적처럼 회복되어서 의가사제대를 했어요. 제대 후에 군대 가기 전 고등학교 점수 맞춰 갔던 관심도 없던 대학을 그만두고 진짜 하고 싶은 공부를 찾아서 신학대학교를 갔어요. 그래서 지금 전도사 생활하면서 너무나 행복하게 잘 살고 있어요.

지금도 그 친구랑 만나면 가끔 이런 이야기해요.

"영제야, 나 그때 계속 그 대학 다니고 졸업했으면 어쩔 뻔했냐? 천만 다행이다."

A도 이런 성격의 이야기 많이 들어봤을 거예요. 꼭 이렇게 큰 고통과 시련을 겪은 후에 인생에 대해서 진지하게 고민을 하고 정말 행복한 일을 찾게 되는 경우가 많아요. 그냥 고난의 시간이 없이 나에게 최고의 행복을 찾으면 얼마나 좋겠어요. 그런데 사람이라는 게 지금 당장 편안하고 큰 걱정 없으면 현재의 삶에 안주하잖아요. 그것이 내가 할 수 있는 최선인 것처럼 생각하구요. 어떻게 생각하면 큰 시련이라는 것은 신이 우리에게 살살 이야기하면 말귀를 못 알아들으니까 정신 차리게 하려고 강하게 이야기해주는 것인지도 몰라요.

내 친구도 인생에서 혈액암이라는 큰 시련 덕분에 완전히 진로를 변경한 거잖아요. 그래서 지금의 직업을 가졌고 그 직업을 준비하는 과정에서 부인을 만났잖아요. 그리고 결혼을 해서 세상에서 가장 귀한 보물들을 얻었으니 시련을 통해서 우리가 기대하지도 못했던 큰 선물을 받는 것 같아요.

지금 A에게 감당하기 힘든 고통의 시간을 겪고 있다면, 너무 겁먹지 말아요. 분명히 A에게 더 큰 행복을 주려고 잠깐 시련을 이용하시는 거예요. A가 더 큰 행복을 누릴 수 있는데 행여나 그 것을 놓치고 살까봐 시련을 통해서 말하고 있는 건지도 몰라요. 그리고 A가 시련과 아픔을 잘 감당하고 이겨낼 수 있기에 허락 하시는 거래요.

A는 그 시련과 아픔 덕분에 전보다는 몇 배 더 강해지고 삶의 지혜를 갖추게 될 거예요. 그러니까 겁내지 말고 힘내요. 약해지 지 말고. 지금도 충분히 잘하고 있으니까 기죽지 말고. 아자아자 파이팅!!!

기회를 만드는 방법

A는 휴일에 어떻게 지내는 지 궁금하네요. 나는 휴일에 방에서 치킨이나 과자 먹으면서 개그나 예능 프로그램 보는 거 엄청 좋아해요. 실컷 웃으면서 스트레스도 풀고 대화소재도 찾아요.

A는 좋아하는 개그맨 있어요? 나는 유재석 형님을 너무나 좋아해요. 무척 친근하잖아요. 유재석의 재치와 편안함은 정말 최고인 것 같아요. 그래서 국민MC 소리 듣는 거구요. 그런데 A도 아는 것처럼 유재석이 처음부터 인기가 많거나 능력을 인정받은 게 아니에요.

유재석 이야기 좀 하려구요. 유재석은 1991년에 KBS 개그콘 테스트로 데뷔했어요. 장려상을 받았구요. 그러니까 데뷔가 그렇게 화려했거나 실력을 인정받은 건 아니었죠. 데뷔 후에 10년 동안 거의 무명에 가깝게 연예계 활동을 했죠. 개그콩트의 단역, 리포터, 패널MC, 밤무대MC 등등 개그맨으로서 할 수 있는 일들은 다 했죠. 개그맨 포기할까도 생각을 했는데 정말 하고 싶은 일이여서 포기도 되지가 않았대요. 얼마나 힘들었겠어요.

그렇게 끝날 것 같지 않던 무명시절을 거친 후, 지금은 자타공인 우리나라를 대표하는 개그맨이 되었잖아요. 유재석은 한국에서 메인MC, 개그 콩트 및 연기를 자연스럽게 할 수 있는 몇 안 되는 개그맨이에요. 그래서 방송국 PD들이 가장 일하고 싶어 하는 개그맨이 된 거겠죠. 이렇게 10년 동안 무명이라는 힘든 시간을 묵묵히 견뎌내고 지금의 값진 인기를 얻어서 사람들이 더 좋아하는 것 같아요. 사람들이 그의 노력을 높이 평가해주는 거죠.

유재석처럼 자신이 원하는 기회를 얻은 사람들의 공통점은 지금 당장은 빛이 나지 않고 누가 알아주지 않더라도 묵묵히 자신이 갈 길을 걸어간다는 거예요. 자신의 노력이 쌓이고 쌓여 능력의 양이 채워지면 반드시 누가 알아봐요. 빛은 숨기려고 해도 반드시 밖으로 새어나가게 되어있어요.

낭중지추囊中之錐라는 고사성어를 개인적으로 좋아해요. 주머

니 속에 넣은 뾰족한 송곳은 가만히 있어도 그 끝이 주머니를 뚫고 비어져 나온다는 뜻이에요. 그러니까 내가 묵묵히 해서 내 능력이 채워지면 나를 가로막고 있는 벽을 뚫고 나갈 수 있어요. 뚫고 나가면 반드시 누군가는 알아보죠.

A에게 기회가 오지 않은 것은 아직 A가 원하는 기회를 감당할 만한 능력이 채워져 있지 않아서일 경우가 많아요. 그러니까 조급해 하지 말고 차근차근 능력을 채워갔으면 좋겠어요. A의 위치에서 A의 상황에서 할 수 있는 모든 최선을 다했으면 좋겠어요. 불평불만하면서 에너지 낭비하지 말아요. 그 에너지까지도 A가 하고 싶은 일에 도움이 될 일에 쏟아 부으면 좋겠어요.

A가 노력하는 모든 과정이 사실은 A가 원하는 기회를 만들어가는 과정이에요. 지금 잘하고 있는 거니까 당장 원하는 결과 얻지 못했다고 속상해 말구요. 원래 크게 될 사람일수록 시행착오와 시련이 많대요. 그러니까 A가 지금 힘든 일이 많아지면 '내가 엄청 크게 될 사람이구나'라고 생각하면 한결 마음이 가벼워질 거예요.

하루하루 A가 기회를 만들어가고 있는 중이니까 절대 포기하지 말아요. 처음부터 일이 원하는 대로 풀리면 재미없어요. 회전목마보다는 롤러코스터가 더 재미있잖아요.

최적화된 준비

대학생활 잘하고 있죠? 대학생활하다 보면 학교를 왜 다니는 지 후회되는 시점이 올 거예요. 요즘 들어 A 또래의 대학생들을 만나면 하나같이 의아해 하는 부분이 있어요.

"쌤, 학교 왜 다녀야 하는지 모르겠어요. 짜증나요! 전공 수업은 무슨 말인지도 모르겠고 재미도 없어요. 시간만 아까운 거 같아요."

나도 그 마음 알죠. 나도 그랬어요. 아니, 난 더했어요. 대학 수업 싫어서 그냥 강의실 나가버리고 툭하면 대리출석 시키고 놀았어요. 학교 다니는 이유를 몰랐어요. 사실 찾을 노력도 안했구요. 그런데 대학생활을 지나와 보니 지금은 A에게 자신 있게 말해줄 수 있어요. 학교를 다니는 것은 공부 기초 체력을 기르는 거예요. 어렵죠. 축구에 비유할게요.

훌륭한 축구선수가 되려면 현란한 드리블, 정확하고 강력한 킥, 정교한 헤딩 능력 등 많은 기술이 필요해요. 그런데 기술을 운동장에서 펼치려면 반드시 기초체력이 뒷받침되어야 해요. 그래야 열심히 뛰어다니면서 내가 가지고 있는 기술을 펼칠 수가 있어요.

그런데 우리는 기초체력은 생각 안 하고 당장 눈에 보이는 화려한 기술에만 관심을 보여요. 그래서 기초체력의 중요성을 놓치기 쉬워요. 화려한 기술이라는 것은 반드시 기초체력이 뒷받침되어야 하거든요. 꾸준히 웨이트를 해서 상대방 선수와 몸싸움을 해도 밀리지 않도록 하고, 열심히 운동장을 뛰어다녀도 지치지 않도록 폐활량을 키우고, 관절이나 근육이 다치지 않도록 몸을 유연하게 유지하고, 항상 최상의 컨디션을 유지할 수 있도록 자기관리를 하고…. 이런 활동을 통해서 기초체력을 키워야만 비로소 화려한 기술들을 선보일 수 있죠.

학교생활도 마찬가지에요. 학교생활을 통해서 공부 기초체력을 키우는 거예요. 공부 기초체력을 튼실히 해야만 기초체력을 바탕으로 A의 전문역량을 사회에서 펼칠 수가 있어요.

바닷가에 멋지게 세워놓은 모래성 본 적 있죠? 얼마든지 화려하고 멋있게 만들 수 있어요. 그런데 파도가 한번 왔다 가면 흔적도 없이 사라져요. 기초체력이 없으면 A의 삶도 모래성과 비슷해요. 학교생활이 당연히 짜증나고 재미없죠. 학교에서 배우는 거 당장 써먹을 데도 없고, 관심도 흥미도 없는 내용이나 배우고, 불필요한 거 같잖아요. 그런데 그런 모든 내용들이 A의 공부 기초체력을 키우는 중이니까 너무 억울하다고만 생각하지 말아요.

뛰어난 운동선수들도 훈련의 시작은 무조건 기본적인 것부터

시작한다고 하잖아요. 그러니까 공부 기초체력을 최대한 튼튼하게 만들어놓아요. 그럼 훗날 A의 역량을 펼칠 때가 오면 A의 능력에 날개를 달아줄 거예요. '10대에 꿈을 꾸고, 20대에 준비하고, 30대에 능력을 펼치고' 지금 A는 20대니까, 실컷 준비하고 공부 기초체력 키워놓아요. 그러면 30대가 됐을 때 훨씬 더 당당해질 수 있어요.

학교 다니는 이유가 좀 명확해 졌나 모르겠네요. 사실 능력 있다는 소리는 남들이 하기 싫어하는 일을 꾸준히 하는 사람이래요. A가 능력 있는 사람이 되길 기대할게요.

진짜 좋아하는 일

A가 진짜 하고 싶은 일을 다른 사람에게 구체적이고 명확하게 설명할 수 있다면 A는 정말 행복한 사람이에요. A가 하고 싶은 일을 다른 사람에게 설명할 때 듣는 사람은 아마 이런 생각할 거예요.

'이 친구 눈에서 빛이 나네. 너무 행복해 보이고. 부럽다.'

많은 사람들이 직업을 갖고 살아가고 있지만, 정작 자기가 좋아하고 재미있어하는 일을 직업으로 삼는 사람이 몇 명이나 될까요? 나는 A가 열심히 고민해서 A가 정말 하고 싶고 즐길 수 있는 일을 직업으로 꼭 삼았으면 좋겠어요.

나하고 아주 친한 형님이 있어요. 아주 명석한 사람이에요. 형님은 과학고를 2년 만에 수료하고 대전에 있는 카이스트를 졸업했어요. 누가 봐도 대한민국 상위 1%에 있는 사람이죠. 그렇게 고속도로를 질 주 하듯 인생이 술술 풀려나갔죠. 대학교 졸업하고 10년 동안 직장생활도 잘 했죠. 돈 잘 벌면서요. 그런데 어느 날 나한테 그러더군요.

"영제야, 형 회사 그만둘 거야. 돈 버는 것 의미 없다."

"왜요, 형님? 무슨 일 있어요?"

"어렸을 때부터 하고 싶은 거 하려고. 신학대학교 가서 목사님 될 거야."

그러더니 잘 다니고 있던 회사 그만두고 신학대학교로 편입해서 목사님 준비하고 있어요. 돈 잘 벌다가 하루아침에 학생이 된 거에요. 요즘은 교육전도사님하면서 정말 적은 월급 받으면서 지내고 있어요. 그런데 얼굴은 너무나 행복해보여요. 하고 싶은 일 하니까 시키지도 않았는데 매일 밤 열 시까지 도서관에서 책을 붙들고 살더군요. 설교준비하고.

가끔 형님하고 미래에 대한 이야기를 하곤 하죠. 아주 눈에서 빛이나요. 형님은 요즘 걱정이 없대요. 부족한 것도 없고. 하고 싶은 것이 명확하니까 쓸데없는 일에 신경을 안 써요.

물론 직장 그만두고 신학생으로 전향할 때 형님 부모님하고 많은 갈등이 있었죠. 부모님의 의견도 중요하지만 형님 인생은 형님 거잖아요. 그래서 결국은 형님 부모님도 인정해주시고 응원해주시더군요.

이 세상에는 돈보다 소중한 가치가 훨씬 많아요.

A는 어때요? 정말 인생 걸 만한 일 찾았나 모르겠어요. 그런데 정말 신기한 것이 내가 좋아하는 일을 찾으면 공부라는 건 누가 시키지 않아도 알아서 하더군요.

원리는 간단해요. 좋아하면 그 일이 재밌어요. 재밌으니까 계속하게 되죠. 계속하면 잘하게 돼요. 그러면 어느 순간 나는 전문가가 되어 있어요.

하기 싫은 일 억지로 하면 돈은 벌 수 있어요. 그런데 행복하지 않아요.

하기 싫은 일 억지로 하면 부와 명예는 얻을 수 있어요. 그런데 정작 진짜 나는 없어요.

하기 싫은 일 억지로 하면 주변 사람은 행복할지 몰라요. 그런데 정작 나는 불행해요.

A가 20대에 반드시 해야 될 일이 바로 정말 좋아하는 일을 찾는 거예요. 그리고 좋아하는 일을 찾았으면 그것을 토대로 직업을 정하면 돼요.

인생을 온전히 누리고 즐기려면 반드시 A가 좋아하고 잘 할수 있는 일을 찾아야 해요. 박지성 선수와 김연아 선수가 누가 시켜서 억지로 열심히 노력하고 훈련했을까요. 절대 아니에요. 자기가 좋아하고 재밌으니까 당연하게 훈련하고 또 훈련한 거죠. 그랬더니 어느 순간 세계적으로 유명해진 거구요. 좋아하는 일 찾으면 좋아하는 일 찾아내느라고 고생했다고, 기특하다고 열정을 선물로 받는 것 같아요. A도 반드시 찾을 수 있어요.

힌트 하나 줄까요.

A가 좋아하는 일을 해서 A의 행복이 살아나고 A 주변의 행복도 살아나면 그것이 A 것 맞아요. 하나 더, 그걸 찾는 일은 반드시 A만이 할 수 있다는 것. 세상 모든 문제의 답과 해결방안은 내 안에 다 들어있대요. 꼭 찾길 바라요. 찾기만 하면 그 다음은 저절로 풀려요.

부정적인 잡음 차단

A도 공감하겠지만 목표를 향해 나아갈 때 가장 문제되는 것이 온갖 부정적인 소리에요. 목표에 관련된 장애물보다 훨씬 더 처리하기 힘들어요. 가족이나 지인들은 물론 정작 별 관련이 없는 사람들조차 '이건 이래서 안 되고, 저래서 곤란하다'는 등 온갖 부정적인 소리를 늘어놓기 마련이에요. 나 역시도 이런 경험이 너무나 많았어요.

내가 뭘 하고 싶다고 이야기하면 큰일 날 것처럼 이야기를 하면서 그 사람들 앞에 나를 앉히곤 했죠. 그리고는 나를 위한 걱정의 멘트가 시작이 돼요. 그런 사람들한테 꼭 반문하고 싶었죠.

“나에 대해서 얼마나 알아요? 도대체 얼마나 고민해 보고 생각한 후에 그런 말을 하시는 건지요? 내가 고민했던 만큼 고민해 보고 말씀하시는 거예요?”

A도 아마 이런 경험이 있을 거예요. 그럴 땐 참 마음이 속상하죠. A편은 아무도 없는 거 같고 그래서 더 답답하고 어디 가서 하소연할 곳도 없지요. A가 몇날 며칠 고민하고 잠도 못자고 밥도 못 먹으면서 용기내서 말했는데 “나 이거 한번 도전해볼래요.” 혹은 “나 이거 하고 싶어요.” 하면 “그거 하지 마. 위험한거야. 그냥 안정적인 거 해. 그런 거는 아무나 하니? 내 말 들어. 살아보니까 안정적인 게 최고더라. 내 말 들으면 후회 안 해.” 이런 대화를 해봤거나 이런 비슷한 성격의 갈등으로 힘들었던 적이 있을 거예요.

A가 하고자 하는 일이 법적으로 문제가 없거나 남에게 피해를 주는 일이 아니라면 주변의 부정적인 이야기 한 귀로 듣고 한 귀로 흘려요. 별 문제 없을 거예요.

A가 하고자 하는 일 하다가 실패해도 괜찮아요. 분명 배우는 게 있고 느끼는 게 있으니까. 그리고 20대의 특권이잖아요. 실컷 도전하고 실컷 실패하고. 위축되지 말아요. A가 도전했다가 실패해도 세상에 큰일은 생기지 않아요. 물론 A에게도 큰일은

생기기 않아요. 시간이 지나면 상처는 아물어요.

　항상 이야기하지만 A만의 인생을 살아가는 게 무엇보다 중요
해요. 주변에서 정해주고 하라는 대로 하면 그건 A의 인생이 아
니잖아요. 꼭두각시 인생이지.

　한국 사회를 보면 너무나 웃기는 일이 많아요. 자녀들이 공부
를 곧 잘하면 하면 자녀들의 적성과 흥미는 관심이 없죠. 왠지
공부를 잘하면 의대를 가야할 것 같잖아요. 왠지 공부를 잘하면
법대를 가서 이 나라는 내가 지켜야 할 것 같잖아요.

　주변 어른들이 나한테 하는 이야기가 부정적인 것도 알아요.
그런데 어릴수록 어른들의 말이 다 맞는 것인 냥 하라는 대로 하
죠. 그리고 나이가 들어서 후회라는 것을 해요. 정해진 공식처럼
의대, 법대, 공대를 가요. 공무원 준비하고. 그리곤 대학생활이
재미없다는 둥 적성과 흥미에 맞지 않다는 둥 이런 소리를 해요.
그건 당연한 거예요. 마음이 하는 소리를 무시한 채 고집부린 당
연한 결과에요. 어찌됐든지 자신이 선택을 한 거잖아요. 그러면
불평 불만을 말할 자격도 없는 거예요.

　A가 정말 하고 싶고 도전하고 싶은 일을 찾았으면 옆에서 어
떤 부정적인 소리가 와도 그냥 밀고 나가요. 대신에 최선을 다해
서 후회 없이 준비해요. 만약에 그럴싸한 말로만 A의 꿈을 포장
한 거라면 그건 주변사람들한테 혼날 일이 맞아요.

A가 목표를 정하고 최선을 다할 마음의 준비가 됐다면 주변의 부정적인 잡음은 차단하세요. 안 그러면 언젠가 부정적인 잡음에 마음이 흔들리다가 끝내 굴복하게 될지도 몰라요. 진짜 하고 싶은 것은 해보지도 못한 채.

큰 목표를 세워 그곳을 향해 나아간다는 것은 A안에서 건강한 혁명을 일으킨 것과 같은 상태에요. 일상적이지 않은 행동을 요구하기 때문이죠. 목표를 달성하기 위해서는 A는 여러 생각과 행동을 일관되게 통제할 필요가 있어요.

그런데 그 통제라는 것마저도 행복할 거예요. 왜냐하면 A가 신나서 스스로 하는 거니까 그렇게 고통스럽지도 않을 거예요. 뭐든지 억지로 하면 오래 못해요. 그런데 자발적으로 하는 것은 지속적으로 해나갈 수 있어요.

내가 좋아하는 노래 가사 중에 이런 게 있어요. "미친 X들이 뭐라도 해내더라." 표현이 거칠지만, 저 표현이 명답인 것 같아요.

부정적인 잡음이 오면, 이렇게 생각을해요. '내 능력을 시험하고, 검증할 수 있는 좋은 기회다' 이렇게 건강한 오기를 부려 봐요. 멋있잖아요.

잘 생각해봐요. 세상에 열정 있고 능력 있는 사람들이 죄다 의

사, 검사, 교수, 공무원만 하면 세상 돌아가겠어요. 그리고 소는 누가 키울 건데요. A의 열정을 쏟아 부을 수 있는 일 찾아서 그 거 해요. 주변에서 부정적인 소리하면 이렇게 말해요.

오른쪽 손바닥 수줍게 올리면서 "반사."

두려움 이기기

A, 요즘 두려움 때문에 하고 싶은 일을 할까 말까 고민하고 있 다는 이야기 들었어요. 그러지 말아요. 두려움 막상 부딪혀보면 아무것도 아니에요.

오늘은 두려움 이야기를 좀 해볼게요.

어느 대기업 회장은 자신이 영업사원으로 일할 때 고객을 만나 는 게 두려웠어요. 고객을 만날 때가 되면 그 주변을 대여섯 바 퀴씩 돌았다는 거예요. 그때 그의 상관인 영업부장이 이런 조언 을 해주었어요.

"침대 밑에 있는 도깨비를 겁내지 말게. 도깨비는 없어. 그런 건 아이들을 겁주려고 지어낸 이야기야."

그 영업부장은 자신도 두려울 때가 있었다며, 자신은 그럴 때마다 그 두려움을 똑바로 쳐다보고 맞서서 두려움을 정면으로 응시했다고 말했죠. 그러면 두려움은 주춤거리며 물러났다는 거예요.

어찌 보면 두려움이라는 녀석은 별것 아닌데 A가 만들어낸 생각 때문에 두려움이란 녀석이 실제보다 훨씬 더 크게 느껴지는 경우가 많아요. 나도 가끔 두려움에 겁먹을 때가 있어요. 그럴 때마다 마음속에 새겨놓은 문구가 있어서 소개할게요.

"어떤 일을 두려워하면 그 일을 하는 것보다 더 많은 시간과 에너지를 소모합니다."

이렇게 생각하면 시간 아까워서라도 시작을 해요. 부담 없이 툭 치고 나가듯 일을 하면 생각보다 쉽게 풀릴 때가 많아요.

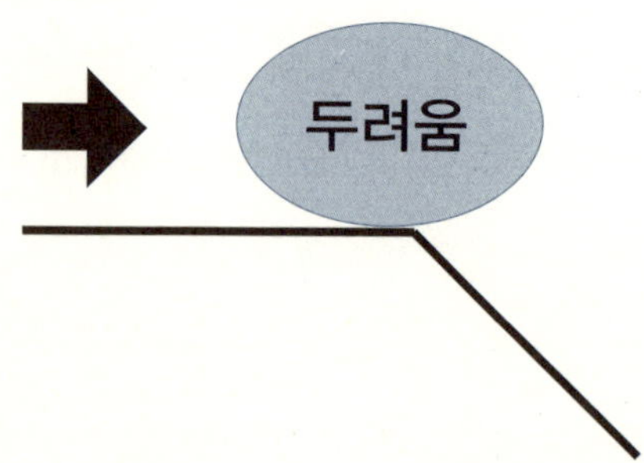

그림처럼 경사진 비탈길 위에 큰 바위가 있다고 해보죠. 우리

목표는 큰 바위를 바닥까지 내리는 거예요. 큰 바위만 쳐다보면 뒤에 있는 경사진 비탈길은 전혀 보이지가 않아요. 당장 내 눈앞에 있는 큰 문제에만 시선이 집중되죠. 자연스레 할 수 없다는 두려움이 몰려오죠. 그리고는 시작할 엄두도 못 내고 발만 동동 구르게 되죠. 그러면서 시간은 계속 흘러가요. 어떠한 문제도 해결되지 못한 채 말이죠. 그런데 큰 바위라는 녀석을 조금만 과감하게 밀어붙이면 움직이기 시작할 거예요. 그래서 경사의 시작점까지만 몰고 가면 A가 어떤 힘을 주지 않아도 저절로 굴러가서 바닥에 도착해 있어요. 조금만 용기를 내서 A를 작게 만들고 힘겹게 하고 있는 두려움과 맞서 봐요.

두려움이란, 우리가 느끼는 것보다 훨씬 크게 과장되어 있어요. 어쩌면 그것은 실체가 없는 것인지도 몰라요. 두려움은 부정적인 상상을 부풀리게 해요. 좀처럼 일어나지 않는 일마저 머릿속에서는 이미 일어난 상태가 되죠. 그렇게 되면 A에게만큼은 이미 벌어진 일이 되는 거예요. 두려움은 점차 실체를 띠게 되고 결국 그것이 존재한다고 확고하게 믿게 돼요.

"두려움은 사실 종잇장과 같습니다. 정면에서는 커 보이고 정말 존재하는 것 같지만 옆에서 보면 종이의 옆면을 보듯 그 존재가 느껴지지 않습니다. 사람들은 늘 앞면만 보고 덜덜 떨지만 옆

면으로 돌아설 약간의 여유만 있다면 두려움을 처치하는 것이
그리 어렵지만은 않습니다."

평소 멘토로 생각하는 분이 나에게 해줬던 말이에요. 멋있죠.

A, 요즘 무엇 때문에 두려워하고 힘겨워하는지는 모르겠어요.

그런데 솔직하게 A자신에게 물어봐요. 정말 상황이 힘들어요
아님 스스로 힘들다고 주문을 걸고 두려움을 불러오고 있는 거
예요?

A 어렸을 때 어른들이 밤에 A 겁주려고 호랑이가 온다는 둥
귀신 나온다는 둥 그런 이야기 듣고 겁먹은 적 있을 거예요. 그
런데 살면서 단 한번이라도 호랑이나 귀신이 나와서 겁먹은 적
있던가요? 없어요. 괜한 두려움 때문에 시간이랑 에너지 낭비하
지 말아요. 그냥 두려움이랑 부딪쳐 봐요. 그렇게 부딪치면 두려
움이 먼저 겁먹고 도망가요.

두려움, A가 만들 수도 있고 A가 없앨 수도 있어요. 두려움은
A 마음대로 할 수 있는 거예요. 좋지도 않고 쓸데도 없는 거 굳
이 만들지 말아요. 삶만 피곤해져요.

습관의 위대함

A, 혹시 독특한 습관 가지고 있는 것 있어요? 나는 아침에 출근하면 커피를 꼭 한 잔 마시고 업무를 시작해요. 출근하면서 모닝커피 마실 생각에 기분까지 좋아져요.

이렇게 사소한 것이지만 A를 미소 짓게 하는 습관이 있었으면 좋겠어요. 그런데 이 습관이라는 것이 사소한 것 같은데 우리 삶의 대부분이 습관으로 만들어지더군요. A가 눈 떠서 잠자리에 들 때까지 생활을 잘 살펴봐요. 거의 다 습관으로 이루어지는 것이 많아요.

아침에 일어나서 침구류를 정리하는지 안하는지. 양치질할 때, 치약을 가운데서부터 짜서 사용하는지 밑에서부터 짜서 사용하는지. 신발을 신을 때, 왼쪽부터 신는지 오른쪽부터 신는지. 강의시간에 집중을 잘하는 편인지 강의 시작하자마자 5분 안에 하품을 하는지. 밤 열시가 되면 습관적으로 드라마를 보는지 아님 운동을 하는지.

.

.

너무 많죠? 이렇게 사소한 습관들이 모여서 A의 하루가 완성돼요.

〈생활의 달인〉이라는 프로그램 알죠. 거기 보면 정말 달인들이 나오잖아요. 칼질을 기가 막히게 하는 주방장, 대형마트에서 묘기에 가깝게 카트를 정리하는 관리원, 몸체만한 짐을 머리에 이고 걸어가시는 할머니. 정말 무슨 서커스를 보는 것처럼 입이 벌어지잖아요.

그런데 그분들이 처음부터 '나는 열심히 해서 생활의 달인이 되어야지, 그래서 방송 출연해야지' 이러면서 일을 시작을 했을까요. 절대 아닐 거예요. 하루, 이틀, 사흘, 나흘 계속 하다 보니 어느 순간 주변에서 달인이라고 불러주는 거죠. 그분들의 공통점이 있다면 자신이 가지고 있는 특별한 능력을 각자의 삶에서 습관으로 만든 거죠.

처음에는 너무 낯설었겠죠. 계속 해서 하다 보니 익숙해지고. 익숙해지니 편안해지고. 편안해지니까 빨라지고. 빨라지고 여유가 생기니까 자신감이 붙고. 자신감이 붙으니까 재밌고 잘하게 되고 잘하게 되니까 능력을 인정받고 이런 식으로 인생의 선순환이 만들어져요. 그분들은 그냥 습관 하나 만들어 낸 것인데 습관이 인생에 미치는 힘은 어마어마하잖아요. 이런 걸 보면 처음에는 내가 습관을 만들어 내지만 시간이 흘러갈수록 습관이 나를 만들어내요. 아니, 내 인생을 만들어가요.

습관이라는 것이 알고 보면 참 단순하고 크게 힘들지 않아요.

양치질을 30분씩 하는 사람은 없어요. 식사하는 데 2시간 이상 사용하지는 않잖아요. 습관이라는 것은 매일 매일 실천하기에 부담 없고 안하고 넘어가면 찜찜한 정도인 거 같아요. 평소에 하루 3분씩 3회 양치질만 습관적으로 해도 치아를 건강하게 유지할 수 있죠. 그런데 이 작은 습관을 지키지 않아서 훗날 고통스런 치통과 함께 몇 십, 몇 백만 원의 큰돈이 날아가요.

하루 30분 독서, 40분 운동, 1시간 소중한 사람들과 대화, 40분 자기 계발, 나를 위한 건강한 휴식이 습관처럼 몸에 배어 있는 사람들이 있어요. 반대로 습관적인 음주, 장시간 게임, 나태함, 목적 없는 TV 시청, 늦잠 등이 몸에 배어 있는 사람도 있지요. 참 단순하고 별 거 아닌 습관인데 결과의 차이는 엄청나요. 유익한 습관들이 차곡차곡 쌓이면 어느 순간 A가 원하는 곳으로 A를 데려다 줄 거예요. 그것이 습관의 가장 큰 장점이자 매력이죠.

A, 영어 잘하고 싶죠? 영어공부를 습관으로 만들어 봐요.

A, 건강하고 싶죠? 운동을 습관으로 만들어 봐요.

A, 책 많이 읽고 싶죠? 독서를 습관으로 만들어 봐요.

미 항공 우주국NASA에서는 우주 비행사들에게 새로운 습관을 만들어 내기 위해서 같은 행동을 21일3주 동안 계속 반복해서 시킨대요. 처음에는 어색하고 서툴지만 3주 정도 지나면 내 몸이 그 행동을 기억하고 익숙한 것으로 판단하여 그 다음부터는 수

월해지고 어느 순간 습관이 되어 버린대요.

A의 인생 성공에서 가장 중요한 것은 좋은 습관을 만들어 내고 그 습관을 A 삶에 자연스럽게 녹이는 거예요. 21일. 3주 그렇게 긴 시간이 아니에요. 소위 성공했다는 사람들 잘 살펴봐요. 하나같이 공통적으로 가지고 있는 습관들이 있어요. 그것이 무엇인지 A도 한 번 찾아봐요. 그리고 그 습관을 따라하면 돼요.

벤치마킹이 별게 아니에요. 좋은 거 모방하고 내 것으로 만들면 그게 벤치마킹이에요.

하늘 아래 새로운 것은 없대요. 얼른 찾아봐요.

실패하는 사람들의 열 가지 특징

A는 스스로 어떤 사람이라고 생각을 해요? 성공에너지가 있는 사람? 아니면 실패에너지가 많은 사람? 구분하기 참 힘들죠. 지금부터 정확히 구분하는 방법을 알려줄게요.

주변에 은근히 이런 사람들 많아요. 입으로는 전교 1등이고, 사회정의구현은 내가 다 할 것 같고, 나 아니면 문제 해결 안 될 것 같고, 나는 잘하는데 주변 사람들이 나의 능력을 못 따라오고, 못 하는 게 아니라 안 하는 거라서 마음만 먹으면 그딴 일 금방 할 수 있고, 내가 잘못하면 용서받을 수 있고, 네가 잘못하면 용서란 있을 수 없고, 남이야 피해를 보든 말든, 우선은 내 이익부터 좀 챙겨야 하고….

이렇게 말하면 떠오르는 사람 있죠? 이런 사람들을 전문용어로 '빛 좋은 개살구'라고 해요. 이런 사람들 특징 몇 가지 말해 볼게요. A는 몇 가지나 해당되는지 점검했으면 좋겠어요.

> '실패하는 사람들의 열 가지 특징'
>
> 1. 시도해 보기도 전에 할 수 없다고 생각한다.

2. 책임을 미룬다.

3. 자신이 원하는 것을 설명하지 못한다.

4. 하루를 즉각적인 욕구에 따라 산다.

5. 좋은 아이디어가 생각나도 즉시 실행으로 옮기지 않는다.

6. 일확천금을 꿈꾸고 1퍼센트의 전진을 무시한다.

7. 시도했던 일이 잘 안되었을 때 다른 사람과 환경을 비난한다.

8. 두려워서 자신을 폄하한다.(자신을 믿지 않는다)

9. 자기 계발에 관심이 없다.

10. 생각과 행동에 여유가 없다.

개인적으로 가수 비를 정말 좋아해요. 실력도 실력이지만 비의 열정을 너무나 좋아해요. 존경하구요. 현재 위치에서 만족하지 않고, 자기 발전을 위해서 끊임없이 노력하고, 새로운 분야에 도전하는 모습이 정말 멋있는 거 같아요.

가수 박진영이 한 인터뷰에서 이렇게 이야기 하는 것을 본 적이 있어요.

"가수 비는 무슨 일을 했어도 성공했을 친구에요. 빵집을 하든, 세탁소를 하든, 옷가게를 하든지 무슨 일을 했어도 성공했을 친구에요. 비는 성공에너지를 가지고 있는 친구거든요." 성공하는 사람들이 공통적으로 가지고 있는 요소를 찾는 것은 어렵지가 않아요. 열정, 실천력, 꾸준함, 성실함, 노력, 겸손함, 독서, 공부, 절제 등등 '자기 분야에서 성공한 사람들은 위의 요소들을 가지고 있겠구나' 하면 얼추 맞아요. 그리고 책이나 매스컴을 통해 그들의 삶의 흔적이나 업적을 따라 가보면 '역시나 성공 요소들을 가지고 있구나' 하는 확신이 생기죠.

A는 어떤 사람인지 궁금하네요.

은근히 나태를 즐기고 있다면 힘들다고 하지 말아요. 최선을 다해서 도전하고 후회 없이 열심히 노력한 사람들만이 불평불만할 수 있는 자격을 얻는 거예요. 실패하고 실천이 한 끝 차이인데 가치의 차이는 말로 설명할 수 없는 거 알죠?

바보랑 천재의 차이는 간단해요. 바보는 생각만 하는 사람이고, 천재는 생각한 것을 삶에 실천하는 사람이에요. 나는 A가 꼭 실천하는 사람이 되었으면 좋겠어요.

걱정 VS 고민

요즘 들어 학생들과 상담을 많이 해요. 진로 때문에 많이들 찾아 와요. 그런데 상담하러 온 학생들과 대화를 하면서 특이한 점을 하나 발견했어요. 학생들이 공통적으로 걱정이랑 고민을 구분을 못하더군요. A도 선뜻 자신 있게 걱정과 고민을 구분하기가 힘들죠? 일반적으로 상담 내용이 이래요.

"요즘 뭐 때문에 힘드니?"

"진로 때문에요."

"진로고민하고 있니?"

"그럼요, 아 그런데 그냥 짜증나요. 뭘 해야 할지 모르겠어요. 쌤이 좀 알려주세요. 저 뭐하면 좋을까요?"

대화에서 감을 잡았나 모르겠어요. 상담하러 오는 대부분의 친구들은 진로고민이 아니라 진로 걱정을 하고 있더군요. 고민

의 흔적을 찾기가 힘들어요. 고민은 어떤 문제가 발생을 하면 문제를 해결하기 위해서 여러 가지 방안을 찾아보는 거예요.

예를 들어, 취업 때문에 고민이면 원하는 회사를 몇 군데 정한 후 인터넷 검색을 해보고, 전문가를 찾아가 보고, 선배들에게 조언을 구하는 등 다양한 방법을 동원하는 거죠. 그렇게 시간이 지나면서 나아가야 할 방향을 명확하게 만드는 거예요. 결론적으로 고민을 통해서 하루하루 내가 성장을 해요.

그런데 걱정은 어떤 문제가 발생을 하면 '어떻게 하지. 큰일 났다. 어렵다. 짜증난다. 누가 나 좀 안 도와주려나?' 하면서 어떠한 실천력도 발휘하지 못한 채, 부정적인 생각만 키우는 거예요. 그러니까 걱정을 하면 원래 가지고 있던 문제는 그대로 있고 부정적인 생각으로 인해서 문제가 점점 더 커지기만 하는 거죠. 스트레스만 쌓여가고.

많은 학생들이 진로고민을 하는 게 아니라 진로 걱정을 하고 있더라구요. 그러면서 진로고민을 하고 있다고 착각을 해요. 누가 알려주길 은근히 바라면서 말이죠.

A 또래 대학생들을 보면 진로뿐만 아니라 삶의 다른 문제들도 걱정만 하고 있는 친구들이 많아요. 문제가 발생하면 고민을 하는 것이 아니라 걱정만 하고 있어요. 어찌할 바를 몰라요.

A, 'Kidult'란 단어 들어봤죠?

Kid아이 + Adult성인 = Kidult어른아이

대학생들이 체격은 좋아지고 몸은 성장해 가는데 문제 해결력은 많이 미숙한 거 같아서 안타까워요. 'Kidult' 같은 친구들이 은근히 많아요. 어찌 보면 걱정만 하며 울던 어린아이가 고민을 통해 문제를 차근차근 해결해 나갈 수 있게 되면 어른이 됐다고 하는 거 같아요.

A는 문제나 해결해야 될 상황이 오면 어떻게 대처하나요?

고민 이야기를 조금 더 해볼게요. 고민했다고 당장 해결책이나 답이 나오지는 않아요. 고민하면 하루하루 A가 성장한다고 했잖아요. 조급해 하면 절대 안돼요. 오늘 조금 성장하고, 둘째 날에 조금 더 성장하고, 셋째 날에 조금 더 성장하고…. 이렇게 꾸준히 한 달, 6개월, 1년을 지나고 뒤를 돌아보면 몰라보게 훌쩍 성장해 있는 A를 발견하게 될 거예요. 그리고 어제보다 오늘 내가 조금이라도 성장했다면 정말 잘하고 있는 거예요.

세상에서 가장 빠른 길은 기복 없이 꾸준히 하는 거래요.

걱정의 96%는 절대 현실로 일어나지 않고,

A가 하는 걱정의 96퍼센트는 불필요한 걱정이에요. 그러니까 불필요한 걱정 때문에 소중한 하루하루를 망치지 말아요. 같은 행동 같은 일을 추진할 때 생각의 전환을 통해서 충분히 만족감과 자존감을 느낄 수 있어요. 이왕에 하는 생각의 전환이라면 걱정보단 기분 좋은 고민하길 바라요.

실력 = 실천력

A, 요즘 게을러졌다는 이야기가 들리던데 게을러지면 100% 배가 나와요. 그러면 옷맵시도 안나요. 곧 여름 다가오는 데 어떻게 하려고 그래요. 절대 게을러지지 말아요.

A도 어렸을 때부터 이런 이야기 많이 들었을 거예요. '성실해라. 부지런해라. 열심히 해라. 책 많이 읽어라' 등등 잔소리처럼 지겹게 들었죠. 그런데 잘 생각해봐요. 성실하다는 이야기는 실천력이 있다는 것이고, 부지런하다는 이야기는 실천력이 있다는 것이고, 열심히 한다는 이야기는 실천력이 있다는 것이고, 책 많이 읽는다는 이야기는 실천력이 있다는 것이고….

이런 걸 보면 실력이 있다는 이야기를 더 정확하게 말 하면 실천력이 있다는 이야기에요. 실천하기 가장 좋은 날은 '오늘'이고, 실행하기 가장 좋은 시간은 '지금'이에요.

결심을 실천하기에 가장 좋은 때라는 것은 없어요. 삶에서 가장 비생산적인 단어는 '나중'이고, 인생에서 가장 생산적인 단어는 '지금'이에요. 힘들고 불행하게 사는 사람들은 "다음에 할게요."라고 말하는 반면, 성공하고 행복한 사람들은 "지금 할게요."라고 말한대요. 냉정하게 한 번 생각해 봐요. 세상 어디에도

'다음 날'이란 날짜는 없어요. 다음날은 마치 12월 32일 같은 날이에요. 존재하지 않는 날. 그리고 지금 할 수 없는 일을 '다음날'이라고 할 수 있을까요. "다음에 할게요."라는 말은 핑계나 변명밖에는 안돼요.

다른 사람들보다 많은 성과를 내고 빠른 시간에 승진을 하고 더 많은 소득을 올리는 사람들의 핵심 자질은 결심을 곧바로 행동에 옮기는 행동지향성이에요.

'공부를 할까 말까?' '좋아한다는 고백을 할까 말까?' '여행을 떠날까 말까?'

'할까 말까' 할 때는 하고 '갈까 말까' 할 때는 가면 돼요.

고등학교 때 정말 친한 친구가 있었어요. 매일 붙어 다녔죠. 항상 같이 농담하고 장난치고 공부도 함께하고 운동도 함께하고. 가족보다 더 많은 시간을 보냈죠. 그러던 어느 날 사소한 말다툼을 했는데 큰 감정싸움으로 번졌어요. 그래서 한동안 말도 안하고 지냈어요. '먼저 사과를 안 하네. 그래? 나도 먼저 사과 안 해' 이런 생각으로 시간을 보내다가 결국 화해를 못했어요. 쓸데없는 자존심으로 화해할 타이밍을 놓친 거죠. 그러다가 결국 그렇게 친했던 친구랑 서먹해졌던 경험이 있어요. 내가 너무나 어리석었죠. 후회는 아무리 빨라도 늦고 시작은 아무리 늦어도 빨라요. A가 하려고 했던 일이 있으면 무엇이든 지금 바로 시작해요. 중간에 그만두더라도 일단 시작해봐요. 그렇게 한 달쯤 지나면 A가 이룬 성과에 대해 깜짝 놀라게 될 거에요. 아마 1년이 지나면 너무 놀라 기절할지도 몰라요.

많은 사람들이 적당한 때를 기다리느라 너무 많은 시간을 그냥 흘려버리며 살아요. 정말 안타까운 것은 시간만 낭비하는 것이 아니라, 그 과정 속에서 머릿속의 목표 자체가 사라져버린다는 거예요.

A가 훗날 무엇이 되고 싶다면 반드시 지금 뭔가를 해야 해요. 미국의 26대 대통령 루스벨트는 이렇게 말했대요. "지금 있는 자리에서 가지고 있는 것으로 할 수 있는 것을 하라." 멋있죠? A도 너무 거창하게 시작하려고 하지 말아요. 거창하다고 하는 것도 결국은 작은 것부터 시작하잖아요.

축구선수가 프리킥을 차려고 준비 중이에요. 머릿속으로 많은 계산을 했죠. '바람이 동쪽에서 불고 있네. 골키퍼와 골대의 거리와 각도를 계산하고. 우리 팀 공격수가 골대 앞에 3명이 있다. 지금 상황에선 가장 오른쪽에 있는 공격수에게 줘야하나? 땅볼로 깔아서 찰까, 아니면 공을 띄워서 줄까?' 이것을 보고 있던 감독이 한마디 했죠. "X랄 말고, 빨리 차!!!!!"

너무 섬세하고 완벽한 준비가 때로는 A를 주저하게 만들어요. 그러니까 A도 그냥 부담 없이 시작을 해봐요. 지금부터 시작하면 돼요. 절대 늦지 않아요. 제발 부탁이니까 7월 32일, 10월 32일, 12월 32일 있는 것처럼 살면 안돼요.

지금 하십시오.

할 일이 생각나거든 지금 하십시오.

오늘은 맑지만 내일은 구름이 보일지도 모릅니다.

친절한 말 한마디가 생각나거든 지금 말하십시오.

사랑하는 사람이 언제까지 곁에 있지는 않습니다.

사랑의 말이 있다면 지금 하십시오.

사랑하는 사람이 당신 곁을 떠날 수 있습니다.

미소를 지으려면 지금 웃어주십시오.

당신이 주저하는 사이에 친구들이 떠날 수 있습니다.

불러야 할 노래가 있다면 지금 부르십시오.

노래 부르기엔 이미 늦을 수 있습니다.

미래를 예측하는 가장 좋은 방법

A는 하루하루 어떤 마음으로 지내고 있어요? 그냥 흘러가는 대로 지내요 아니면 하루하루 A의 인생을 만들어 가고 있다는 생각으로 지내요?

A가 20대를 살아갈 때 삶의 방향을 놓쳐버리면 거대한 사회라는 시류에 휩쓸려 떠내려갈 지도 몰라요. 그렇게 떠내려가면 A가 원하지 않은 삶의 장소에 도착하게 되죠. 그렇게 되면 속상하잖아요. 마음 아프고. 이렇게 한 번 생각을 해봐요.

인생이라는 다듬어 지지 않은 큰 바위를 A가 가지고 있는 능력과 에너지라는 도구를 이용해서 원하는 모양으로 만들어가는 거예요. 오늘은 윗부분을 이만큼 다듬고. 내일은 중간 부분을 동 그렇게 다듬고. 모레는 아랫부분을 저렇게 다듬고. A의 미래는 A가 가지고 있는 열정이라는 도구로 다듬어가면서 만드는 거예요. 여기 길이 없다면 A가 새 길을 내라는 뜻이래요. 지금 희망이 없다면 A가 희망이 되라는 사인sign이래요.

이 시대가 요구하는 인물이 없다면 A가 요구하는 인물이 되라
는 부름인지도 몰라요. 개인적으로 20대 중 후반에 일이 풀리지
않을 때 이외수 선생님 책을 읽으면서 많은 힘과 위로를 얻었어
요. 큰 힘을 줬던 구절을 소개할게요. 이외수 선생님 완전 감사합니다.

> "그대가 부모로부터 물려받은 것도 없고, 하늘로부터 물려받은
> 것도 없는 처지라면, 그대의 인생길은 당연히 비포장도로처럼 울
> 퉁불퉁 할 수밖에 없다. 그리고 수많은 장애물을 만날 수밖에 없다.
> 그러나 두려워하지 말라. 하나의 장애물은 하나의 경험이며, 하나
> 의 경험은 하나의 지혜다. 모든 성공은 언제나 장애물 뒤에서 그대
> 가 오기를 기다리고 있다."
>
> — 이외수 님의 「하악하악」 중에서 —

　　A, 힘내요. 지금도 충분히 괜찮은 사람이에요. 너무 잘하고 있
구요. 언제나 당신을 응원합니다. 사랑합니다. 고맙습니다. 감사
합니다.

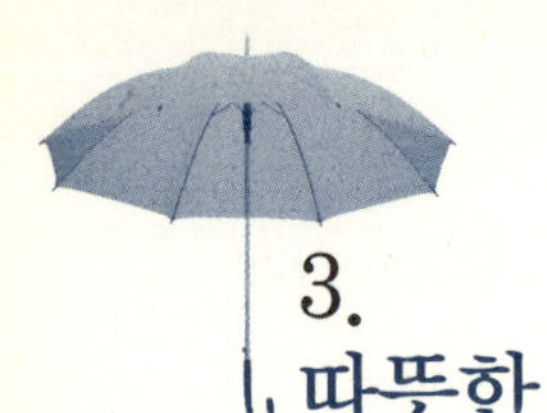

따뜻한 가슴

삶의 여유

가을의 한 농촌 마을. 두 농부가 논에서 열심히 벼를 베고 있다.

한 사람은 허리를 펴는 법 없이 계속 벼를 벴다.

그러나 다른 한 사람은 중간마다 논두렁에 앉아 쉬었다. 노래까지

흥얼거렸다.

저녁이 되어 두 사람이 수확한 벼의 양을 비교해 보았다.

틈틈이 논두렁에 앉아 쉬었던 농부의 수확량이 훨씬 더 많았다.

쉬지 않고 이를 악물고 열심히 일한 농부가 따지듯 물었다.

A도 이런 성격의 이야기 많이 들어 봤죠. 쉬지 않고 무작정 열심히 하는 게 얼마나 어리석은지 알려주고 있네요.

나도 고등학교, 대학교 시절 어리석게 열심히 살았어요. 공부할 때 재미와 행복은 경쟁구도 속에서 사치라고 생각을 했죠. 당연한 듯이 포기하는 것이 맞다고 배웠어요. 그리곤 항상 행복이라는 것을 뒤로 미뤄뒀죠. 나중에 누려야지. 지금은 참고. 그런데 내가 기대했던 나중이 되니까 또 뒤로 미루더군요. 행복을 뒤로 미루고 지금 당장은 고통스러운 것이 열심히 사는 것이라 생각을 했죠. 얼마나 멍청했는지 몰라요.

A 주변에도 이런 친구 있죠? 공부도 잘하고, 운동도 잘하고, 친구들 사이에서 인기도 많은 친구. 언제나 유쾌하고 밝은 친구 말이에요. 이런 애들 보면 혼란스럽잖아요. 그런 친구들 보면 참 재밌고 여유롭게 산다는 것이 느껴져요.

반대로 필요 이상으로 열심히 하는 친구들도 있어요. 흔히 말하는 독한 것들. 삶의 빈틈이 없는 친구. 그런 친구들은 차갑다는 느낌을 받아요. 그래서 괜히 다가가기 힘든 친구. 바늘로 찔러도 피 한 방울 나오지 않을 것 같은 독한 것. 이런 친구들을 보면 삶이 참 팍팍하다는 느낌이 들어요.

A를 비롯한 우리나라 대학생들이 이렇게 팍팍하게 살아요. 전공 공부, 영어 공부, 자격증 공부, 목적 잃은 봉사활동, 스펙 관리 등등 하루 스케줄이 빈틈이 없을 만큼 바빠요. 아니 마음만 너무 바빠요. 그리고는 열심히 살고 있다고 착각을 하는 경우가 많죠. 아마 그런 친구들 남들보다 빨리는 갈 거예요. 그런데 멀리는 못가요.

삶에도 여유와 휴식이 있어야만 재충전이 되죠. 재충전이 되어야 다시 힘껏 달려가죠. 계속 앞만 보고 달리기만 하면 에너지가 금방 방전 돼요. 에너지가 방전되면 결국은 멈춰서요. 그리곤 한 발짝도 못가죠.

A가 주변 사람들과 멀리갈 수 있도록 도와주는 것이 삶의 여유예요. 삶의 여유를 가지라는 것이 거창한 것이 아니에요. A가 꼭 하고 싶었던 거 하면 돼요. 운동, 악기 배우기, 산책, 등산, 독서 등등 A가 좋아하는 그 행동이 A의 삶을 지켜주는 안전장치에요.

A를 보고 있으면 언제나 무엇에 쫓기듯 살아가요. 그러니 당

연히 삶의 여유가 없죠. 그렇게 되면 A도 모르게 그런 모습들이 삶에서 고스란히 흘러나와 주변의 소중한 사람들에게 악영향을 미치게 돼요. 결국 소중한 것을 잃게 될지도 몰라요.

삶에 있어서 여유와 휴식은 부차적인 선택사항이 아니에요. 반드시 해야 되는 의무사항이에요. A의 삶이 훨씬 더 부드럽고 잘 굴러가기 위한 최고의 윤활유에요. A가 얼마나 제대로 휴식을 취하고 재충전을 하느냐에 따라서 A의 인생이 힘 있게 나아갈 수 있어요.

뭐가 그리 급해요? 쉬엄쉬엄해요.

관계의 중요성

"세상에서 가장 힘든 일이 대인관계다."

A도 어렸을 때부터 한 번쯤은 들어봤죠? 나이가 한 살 한 살 더해갈수록 완전 공감 가는 이야기에요.

우리가 살고 있는 세상도 결국은 사람에 의해서 움직이고 변하잖아요. 아마 A도 이런 경험 있을 거예요. 정말 힘들고 지치는 일인데 같이 일하는 사람들끼리 워낙 사이가 좋아서 힘든지도 모르고 마냥 웃으면서 일했던 기억. 반대로 혼자 하면 몇 시간이면 끝날 일인데 A하고 성격 안 맞는 친구랑 일하게 돼서 어색하고 불편해서 고통스러웠던 기억. A가 지금 같이 있는 사람하고 친한지 여부를 판단할 수 있는 힌트를 줄게요.

① 같이 있는 사람하고 5분 동안 말 안하고 있어도 어색하지 않은지,
② 같이 편하게 밥 먹을 수 있는지,

이 두 가지 조건 만족하면 지금 같이 있는 사람은 친한 사람 맞아요. 그런가하면 이런 사람도 있어요. 얼굴 보면서 다섯 마디 주고받기가 힘든 사람. 같이 있기 너무 불편하죠. 이런 거 보면 능력보다 훨씬 중요한 게 호감인 것 같아요. 호감이라는 말 어려

울 거 없어요.

　호감이 가는 사람은 사람 향기가 나는 사람이에요. 같이 있으면 마음 편하고 A가 힘들 때 그냥 당연하게 생각나는 사람. 시답잖은 농담도 부담 없이 할 수 있는 사람. 필요 이상의 체면을 차릴 필요 없는 사람. 기쁜 일이 생기면 가장 먼저 알려주고 싶고 축하 받고 싶은 사람. A가 힘들다고 이야기하면 하던 일 잠깐 멈추고 A를 바라봐주면서 고개 끄덕여 줄 수 있는 사람. 이런 사람과 함께 일한다고 생각해봐요. 생각만 해도 행복하고 마음 편해지죠.

　대학 다니면서 사람이 만들어 놓은 디지털 장비들만 사귀지 마요. 나이 먹고 디지털 왕따 되면 답도 안 나와요. 피터 팬은 동화 속에 있을 때만 아름다운 거예요. 주변에 피터 팬 있으면 답답해집니다.

　대학 다니면서 사람 사귀는 법을 배워요. 사람 귀하게 대하는 거 공부하고 말예요. 모든 일은 결국 관계의 문제라고 했어요. 관계를 잘 풀어가려면 그만큼의 투자가 필요해요. 친구에게, 가족에게 관심을 기울여야 해요. 이해해야 하고 또 배려해야 해요. 스스로 똑똑하다고 생각하는 친구들은 이 과정을 비효율과 낭비로 생각해요. 일에서 필요한 것은 논리적인 설득이지 정서적인 일체감이나 신뢰가 아니라고 여겨요. 그렇게 똑똑한 것은 세상에서 가장 멍청한 거예요. 디지털 왕따 되기 딱 좋은 스타일.

개인적으로 멘토로 생각하는 분이 나에게 이런 말을 해준 적이 있어요.

"일이 힘든 것이 아니라 사람이 힘든 거야. 아무리 힘든 일이라도 같이 일하는 사람들과 관계가 좋으면 그 일이 좀처럼 힘들게 느껴지지 않아. 하지만 아무리 쉬운 일이라도 같이 일하는 사람들과 관계가 불편하고 힘들면 그 일만큼 힘들고 버거운 일이 없는 거야."

A도 완전 공감하죠? A는 A가 속한 조직이나 그룹에서 어떤 사람으로 지내고 있어요? 같이 일하고 싶은 사람, 같이 있으면 언제나 유쾌하고 즐거운 사람, 주변에 긍정의 에너지를 불어넣어 주는 사람, 아님 주변 분위기를 불편하거나 긴장하게 만드는 사람? 이왕이면 함께하고 싶은 사람이 됐으면 좋겠네요.

A가 훗날 멋진 리더가 되고 싶으면 지금부터 차근차근 사람대하는 법을 연습하고 훈련하면 좋아요. 사람을 사귀고 주변 사람을 A의 든든한 동료로 만드는 방법은 '4가지 속성 학원'을 다니면서 배울 수 있는 것이 절대 아니에요. A가 직접 시행착오 겪고 부딪히면서 배워야 해요. 그 과정이 힘들고 불편하다고 안하면 디지털 왕따가 되는 거예요. 결국 리더란 좋은 관계를 만들어 내고

그것을 유지하고 발전해 나갈 수 있도록 노력하는 사람이에요.

　한 가지 더. 혹시 A가 싫어하는 사람 있죠. A가 그 사람을 싫어하는 이유는 A랑 비슷한 성향의 사람이라서 그런 거래요. 또 다른 A를 보고 있는 거죠. 잘 한 번 살펴봐요. A가 싫어하는 그 사람이 하는 행동과 말투들. 아마 A랑 상당히 비슷할 거예요. A가 손가락질하면서 누군가를 지적하면 나머지 손가락은 A를 가리키고 있잖아요.

　A한테 사람 향기가 나는 매력적인 사람이 되기를 바라요.

진정한 자기 사랑

A는 자존심과 자존감에 대해서 많이 들어봤죠. 그런데 막상 두 단어를 정의하라고 하면 많이들 헷갈려 하더라구요. 나도 너무나 헷갈려서 사전을 찾아보니까

· 자존심 : 남에게 굽히지 아니하고 자신의 품위를 스스로 지키는 마음
· 자존감 : 스스로를 존중하는 마음

이렇게 막상 써놔도 잘 구분이 안 되죠. 말장난 하는 거 같기도 하고 말예요.

A도 평소에 자신을 사랑하라는 말을 흔하게 들었을 거예요. 그런데 많은 친구들이 올바르게 나를 사랑하는 것과 지극히 이기적으로 자신을 지키는 것을 구분하지 못하는 것 같아 답답할 때가 많아요.

자신을 사랑한다는 것은 스스로의 생각, 가치관, 몸을 소중히 여기고 지켜가는 거예요. 그런데 내 것을 소중히 지켜가는 과정에서 상대방에게 갈등이나 아픔 또는 상처를 준다면 분명히 잘못하고 있는 거죠.

가끔 이런 친구들 있어요. 자존심 상했다고 주변 사람에게 실

컷 화내고 짜증내는 친구들. 그렇게 실컷 감정 표현 다한 후에
스스로 자존심을 지켰다고 위안을 삼는 친구들. 많이 봤죠. 밉상
이죠.

한국 사회에선 목소리 크면 이긴다고 하잖아요. 당장은 이긴
것 같겠지만 실컷 짜증 받아준 사람은 마음의 상처가 너무 크게
남죠. 어설프게 나 자신은 지켰을지는 몰라도 내 옆에 있는 사람
은 완전 상처받았죠. 그러면 내가 이긴 게 아니라 확실히 진 거
예요. 이렇게 나를 지킨다는 목적으로 전봇대 같은 자존심 세우
면 외톨이가 되죠. 주변에 사람이 없어요.

반대로 자존감 높은 사람은 이렇게 경솔하게 행동하지 않아요.
주변 사람과 주변 상황에 쉽게 휘둘리지 않죠. 자존감을 좀 더 쉽
게 이야기하면 이기주의나 자기중심주의, 자아도취가 절대 아니
에요. 넉넉한 이해와 포용이에요. 나도 귀하니까 당연히 당신도
귀하다고 생각하는 마음. 자존감을 높이는 원리는 간단해요.

A가 하고 싶은 일은 상대방도 하고 싶을 거예요. 그거 해주면
돼요. A가 먹고 싶은 것은 상대방도 먹고 싶을 거예요. 그거 같
이 먹으면 돼요. 그렇게 A 자신을 만족시키듯, 상대방을 만족시
켜주고 채워준다면 자존감은 올라가게 되어 있어요. 보너스로
사람 사이의 관계는 참 따뜻해지고 부드러워질 거예요.

쉽게 예를 들어볼게요.

철수가 막대 사탕을 양손에 들고 있어요. 한 개는 입으로 먹고 다른 한 개는 반대 편 손에 들고 있어요. 얼마나 행복하겠어요. 지금 먹고 있는 것을 다 먹어도 다른 손에 막대 사탕이 또 있다는 행복감과 충족감은 아마 세상을 다 얻은 것 같겠죠.

그런데 옆에서 아무것도 먹지 못한 채 군침 흘리며 보고 있는 영수가 있어요. 영수는 철수가 너무나 부럽겠죠. 철수는 분명히 영수를 봤는데 못 본 척을 해요. 완전 밉상이죠. 막대 사탕을 두 개 다 들고 있는 철수는 자신의 만족은 채웠지만 영수는 미처 생각하지 못한 거죠. 아니 생각도 안하려고 했을 거예요. 절대 다른 사람의 아픔을 느끼지 못할 거구요. 지금 당장 자신의 행복에 취해 있으니까. 철수는 어떤 사람으로 성장할까요?

반대로 홍찬이가 막대사탕을 두 개 가지고 있어요. 한 개는 먹고 있고 나머지 한 개는 다른 손에 들고 있죠. 신나게 먹고 있는데 태주가 뚫어져라 사탕을 보고 있는 거예요. 홍찬이는 지금 느끼는 행복감을 태주와 함께하고 싶은 거예요. 그래서 주저 없이 나머지 한 개를 태주에게 주죠. 그랬더니 서로 웃으면서 맛있게 사탕을 먹어요. 어깨동무하면서 말이죠. 아마 둘 사이는 전보다 더 가까워졌겠죠. 홍찬이는 어떤 사람으로 성장할까요?

약간 억지스러운 예화지만 충분히 자존심과 자존감을 구분할 수 있을 거예요. 자존감 높은 사람은 절대 외톨이가 아니에요.

사람이 재산이라는 것을 알고 있거든요. A 주변에 사람이 많다면, A는 진정으로 자신을 사랑할 줄 알고 자신을 사랑하듯 상대방을 사랑할 줄 아는 사람이에요. 상대방 역시 또 다른 '나'이기 때문이죠.

　세상에서 가장 지혜로운 승리방법은 나 혼자 이기는 것이 아닌 'Win-Win'이래요. 'Win-Win' 하고 상생해야 진짜 이긴 거죠. A는 행복한 데 A 주변이 불행하다면 A도 얼마 지나지 않아 불행해져요.

삶의 선물

무언가 이룰 수 있도록 힘을 얻기를 바랐지만

겸허히 복종하는 법을 배우도록 나에게 내려진 것은 허약함이었다.

위대한 일을 할 수 있도록 건강하기를 바랐지만

더 대단한 일을 할 수 있도록 나에게 내려진 것은 유한함이었다.

행복해질 수 있도록 재물이 더 많기를 바랐지만

더 현명해지도록 나에게 내려진 것은 가난이었다.

다른 이의 칭송을 받을 수 있도록 권세를 가지길 바랐지만

다른 이를 배려하도록 나에게 내려진 것은 연약함이었다.

삶을 즐길 수 있도록 모든 것을 소유하길 요구했으나

모든 것을 즐길 수 있도록 나에게 내려진 것은 생명이었다.

내가 바랐던 것은 얻지 못했지만 내가 희망한 모든 것을 얻었다.

말하지 않은 기도가 응답을 받은 것이다.

나는 모든 사람 가운데 가장 은혜를 받은 사람이다.

-작자 미상-

A는 위의 글을 읽으면서 어떤 생각했는지 궁금하네요. 나는 글을 읽으면서 소박하지만 그 안에 있는 따뜻함과 감사함을 느낄 수 있었어요. 인생 살아가면서 우리 참 많이 탐욕스럽다는 느

낌을 많이 받아요. 나 역시도 그 탐욕에서 자유로울 수 없구요.

우리가 흔히 말하는 성공이란 포장지를 뜯어내고 진짜 속내를 들여다보면, 남들보다 더 돈을 벌고 싶고, 남들보다 더 높은 자리와 명예를 얻고 싶고, 남들보다 더 세상에 이름을 알리고 싶고, 남들보다 더 많은 것을 누리고 싶고, 어찌 보면 세상이 말하는 성공이란 사람이 가지고 있는 탐욕의 집합일지도 모르겠네요. 그래서 우리는 '성공'이란 걸 하려고 부단히도 노력하고 부단히도 경쟁하나 봐요. 더 많은 것을 누리고 더 행복해지려는 목적으로 말이죠.

그런데 잘 한 번 생각해봐요. A가 살아가는 데 정말 필요한 물, 공기, 햇빛처럼 반드시 필요한 요소들은 노력으로 얻는 것이 아니에요. 그냥 공짜에요. 누군가가 A를 너무나 사랑해서 어떠한 기대도 없이 끝임 없이 공급해주잖아요. 그런데 우리는 어리석어서 당연하게 공짜를 누리죠. 감사함도 없이 당연함으로.

사실 냉정하게 말하면 A 몸도 A 마음대로 할 수 있는 게 아니에요. 진짜 몸의 중요 요소들은 A 말을 듣지 않아요. 아니 A 말 잘 들으면 큰일 나요. 심장, 위, 폐, 뇌, 장 등 정말 삶을 유지하기 위해서 필요한 장기들은 A가 절대 통제할 수 없어요. 심장을 조절할 수 있다고 상상을 해봐요. 세상 복잡해져요. 살았다 죽었다 하면.

A가 삶을 살아가는데 정말 필요하고 중요한 것은 거의 다 공짜에요. 매일 매일 당연한 것처럼 삶의 선물을 받고 살아가는데 성공이라는 이름으로 달려가면서 삶의 선물들에게는 감사함이 사라지고 있는 것 같아요. 물론 열심히 살아가고 목표를 향해 뛰어 가아죠. 맞아요. 그런 게 멋있는 거.

그런데 삶의 감사함을 마음속에 품고 뛰어가는 것과 당연함을 마음속에 품고 뛰어가는 것. 삶을 대하는 태도가 분명 차이가 있을 거예요. A가 살면서 당연하게 누리고 있는 것들. 감사하고 살았으면 좋겠어요. 그렇게 되면 A가 누리고 있는 것들을 주변에 나누어 줄 때 그렇게 억울하단 생각은 들지 않을 거예요.

조만간 만나서 햇빛 잘 드는 따뜻한 곳에서 공기 한 사발이랑 물 한 잔 해요. 내가 거하게 한 번 쏠 테니까.

봄과 같은 사람

A는 어떤 계절을 좋아하는지 궁금하네요. 나는 개인적으로 봄을 좋아해요. 날씨가 덥거나 춥지도 않고. 아침, 저녁, 공기도 너

무나 선선하구요. 새벽, 아침, 오전, 오후, 저녁, 밤 할 것 없이 다 좋은 것 같아요. 봄이란 계절 어느 것 하나 버릴 게 없네요.

그런데 가장 아쉬운 것은 봄이 참 짧다는 거예요. 답답한 일상을 떠나 봄을 좀 만끽하려면 어느 덧 더워지고 여름이란 녀석이 봄을 밀어내잖아요. 봄이 그렇게 짧으니까 더욱 더 귀하게 느껴지고 소중하게 느껴지는 거 같아요. 봄이 짧게 느껴지는 것처럼 우리 주변에도 봄처럼 따뜻한 사람이 흔치 않아서 더욱 더 그런 사람이 귀하게 느껴지죠.

이런 걸 보면 사람도 계절이랑 비슷한 거 같아요. 온화하고 포근한 봄 같은 사람. 열정적이고 화끈한 여름 같은 사람. 분위기 있고 다분히 감성적인 가을 같은 사람. 냉정하고 차가운 겨울 같은 사람. 나는 A가 봄처럼 온화하고 포근한 사람이 되었으면 좋겠어요.

어렸을 때 나한테 그런 친구가 있었어요. 그냥 옆에 같이 있기만 해도 포근하고 마음이 편한 친구, 아침부터 밤늦게 까지 함께 있어도 전혀 어색하지 않고 당연한 친구. 오늘 헤어지면 당연한 듯이 내일 아침에 만나서 또 놀아야 하는 친구. 지금 생각해 보면 그 친구가 나에게는 봄 같은 친구였어요.

아마 봄 같은 친구는 하나같이 이럴 거예요. 힘든 친구가 있으면 자존심 상하지 않게 먼저 다가가서 손 내밀어주고, 주변사람

들에게 친절하고 유쾌하게 대할 줄 알고, 힘들 땐 쓸데없는 자존심 버리고 친구에게 힘들다고 말할 줄 알고, 말 한마디를 해도 정감 있고, 다정하게 해주고, 지금 당장은 상황이 좋지 않더라도 미소를 잃지 않고, 그 친구가 방에 들어오면 어두웠던 분위기가 밝아지고 웃음이 넘치는 그런 봄과 같은 친구. A도 겪어봤겠지만, 힘들고 지칠 땐 똑똑하고 능력 많은 친구는 떠오르지 않아요. 따뜻하고 포근한 친구가 떠오르지.

　따뜻함은 자신감의 또 다른 표현이래요. A 덕분에 주변이 많이 따뜻해지고 잔잔해졌으면 좋겠어요.

재능 기부

A도 공감하겠지만, 아직까지 우리 사회는 기부하는 것에 많이 서툴러요. 기부라고 하면 우리는 보통 이런 생각을 해요. '기부는 돈 많은 사람들이 하는 거지. 나 같은 서민은 하는 게 아냐. 내가 불우 이웃이지. 나 좀 도와주라.' 이렇게 생각하는 것이 어색하지 않을 만큼 기부문화는 아직까지 우리 정서에 정착되지 않은 것 같아요.

어찌 보면 어릴 때부터 내 것은 항상 꼭 움켜쥐어야 하고, 절대 손해 보면서 살면 안 된다고 배워왔기 때문에 나누는 것이 서툰 것 같아요. 항상 그렇게 움켜쥐고 살아왔으니 옆에 있는 친구는 함께하는 사람이 아니에요. 이겨야 할 사람이고 나보다 더 손해를 봐야하는 사람이 되는 거죠.

그런데 요즘 들어 내가 너무 좋아하는 단어가 있어요. '재능기부' 내가 가지고 있는 재능을 필요로 하는 사람에게 나누어 주고 함께하는 거예요. 어떻게 보면 물질적 도움보다 재능 기부가 더 귀할 줄도 몰라요. 특히 A같은 대학생들은 가지고 있는 능력들이 넘쳐나잖아요.

재능 기부라는 것 거창할 것도 없어요. 축구를 좋아하면 주변 사람들과 운동장에서 함께 공을 차고, 기타를 잘 치면 주변 사람들에게 기타 치는 법을 알려주고, 컴퓨터 능력이 뛰어나면 주변 사람에게 컴퓨터를 알려주면 돼요. 많은 돈과 시간이 들지도 않아요. 그냥 A가 당연하게 하는 것을 당연하게 못하는 사람에게 주면 되는 거예요. 간단하죠. 손에 쥐고 있는 것을 놓아야 새로운 것을 얻을 수 있잖아요. A가 가지고 있는 것을 주변사람에게 나누어주면 전에는 경험하지 못한 큰 행복을 느낄 수가 있어요. 그리고 A한테 도움을 받은 사람은 A의 든든한 응원군이 되겠죠.

결국, 주변사람에게 어떤 것을 베푼다는 것은 장기적으로 보면 A를 위한 실천이에요. A가 이 세상을 좀 더 따뜻하게 살아갈 수 있도록 해주니까요. 그리고 더 감사한 것은 A가 베풀 수 있다는 것은 A가 가진 것이 있다는 뜻이잖아요. 이왕 사는 인생이라면 받는 사람보다 주는 사람이 훨씬 더 행복해요.

A도 선물을 해본 경험이 있죠? A가 선물을 받을 때보다 선물을 줄 때 훨씬 더 마음이 넉넉했던 기억이 있을 거예요. 선물 받는 사람의 행복해 하는 모습을 보면 진짜 기쁨을 맛볼 수 있어요. 받았을 땐 경험할 수 없는 기쁨 말예요.

20대에는 물질적 행복보단 인성의 씨앗을 뿌리는 시기라고 생각해요. 또한 훗날 뿌린 씨앗에 대해서 온전히 누릴 수 있도록 준비하는 시기에요. A가 지금 가지고 있는 것에 감사하고 가진 것을 주변사람들과 함께하는 기쁨을 맛보았으면 좋겠어요.

A는 가진 것이 참 많은 사람이에요. 창고에 이것저것 쌓아두면 곰팡이 피고, 결국은 버리게 되잖아요. 사용도 못하고. 얼마나 아까워요. 재능 썩히지 마세요.

"감사합니다"의 매력

개그콘서트에서 〈감사합니다〉라는 코너 알죠. 코너 보면 별 것도 아닌 일에 감사하고 감사할 일도 아닌 데 감사하잖아요. 그런데 그 코너 보는 내내 마음은 참 따뜻한 거 같아서 미소 지으면서 보고 있어요.

개인적으로 "감사합니다."라는 말을 참 좋아해요. 말을 하는 나도 기분이 좋아지고 그 말을 듣는 상대방도 기분이 좋아지게 하는 놀라운 힘을 가지고 있어요. 그래서 때로는 '내가 당연하게 여기고 누리고 있는 것들이, 사실은 너무나 감사할 것들이구나' 하고 생각을 하죠.

언제나 그 자리에서 나무처럼 나를 지켜주고 응원해주는 가족이 있음에 감사하고, 언제나 옆에서 내 편이 되어주고, 힘들 때 같이 울어주고 기쁠 때 같이 웃어주는 친구들이 있음에 감사하고. 나를 웃게 해주고, 비타민처럼 활력을 주는 사랑하는 사람이 있음에 감사하고. 젊음이란 무한 에너지가 있기에 해보고 싶은 것을 도전할 수 있음에 감사하고. 부족한 능력이지만 내가 가진 힘으로 누군가를 도울 수 있음에 감사하고. 커피한잔이 생각날 때 편안한 분위기의 커피숍에 앉아 차 한 잔 즐길 수 있음에 감사하고. 사랑하는 사람들과 얼굴 마주보며 실컷 수다 떨고, 웃을 수 있음에 감사하고. 집에 돌아가면 꼬리 흔들며 좋아서 어쩔 줄 모르는 백구가 있음에 감사하고. 아름답고 착한 사람들이 잔뜩 모여 사는 한국이라는 나라에 태어났음에 감사하고. 부족하지만 이렇게 블로그를 운영하며 내 생각을 열정을 표현할 수 있음에 감사하고.

좋지 않은 자동차지만 휴식이 필요할 때 어디든 데려다주는 차가 있음에 감사하고. 많지 않은 돈이지만 내가 가진 돈으로 남을 위해 쓸 수 있음에 감사하고. 글을 쓰는 이 순간 내 입가에 잔잔한 미소가 띄어짐에 감사하고….

A는 삶에 대해서 얼마나 감사하고 사는지 가끔 삶이 지치고 힘들면 종이와 펜을 들고 감사할 것을 10개 정도만 적어 보세요. A가 너무나 당연하게 생각하고 누리던 것들이 다 감사할 것들이에요. 노홍철이 그러더군요. 감사한 일 생겨서 감사하는 것이 아니고 감사하다고 말하기에 감사할 일이 생긴대요.

예의 = 삶의 그릇

A를 보고 있으면 평소에 주변 사람들에게 예의바르게 행동하는 것 같아서 보는 나도 참 기분이 좋아져요. 지금은 못 느끼겠지만 '예의가 바르다'는 것은 엄청난 능력을 갖추고 있는 거예요.

예의를 갖춰서 행동하면 '가식적이다' '고리타분하다' '쿨하지 못하다' 등 말 같지도 않은 소리를 하는 친구들이 간혹 있어요. 완전 무개념이죠. 감히 확신하건대, 예의바르게 행동하는 것은 인생을 살아가는 데 최고의 경쟁력이에요. "능력보다 호감부터 사라."라는 말 들어봤죠. 상대방으로 하여금 호감을 얻으려면 예의를 갖춰서 행동해야 함은 기본이죠.

A도 초면에 예의바르고 매너 있는 사람을 만나면 호감이 가잖아요. 더 끌리는 것 같고. 반대로 초면인데 말이 반 토막이고, 자기 멋대로 행동하는 사람을 보면 첫인상부터 별로잖아요. '다음번에는 이 사람 보기 싫다'라는 생각이 저절로 들 거예요. 그런데 대학생들을 보면 예의를 갖춰서 행동하는 것을 불편하게 생각하는 하는 것 같아요.

이제 20대에 들어왔으면 사람 대하는 법을 배워야 해요. 또래 친구들끼리 왁자지껄하게 이야기할 수 있는 편한 사이에만 신경 쓸 것이 아니라 후배, 동기, 선배를 상황에 맞게 나이에 맞게 대하는 법을 배워야 해요.

이렇게 중요한 사항을 제대로 배우거나 알려주는 곳도 없다는 것이 더 큰 문제에요. 사람 사귀는 법을 배우는 가장 좋은 방법은 많은 사람들을 만나보는 거예요. 직접 부딪히면서 말이죠. 사람 사귀는 법은 절대로 디지털 기기 따위가 알려줄 수 있는 것이 아니죠.

예의를 갖추고 있는 것과 없는 것의 차이는 훗날 A의 삶에 큰 영향을 준다는 것을 꼭 기억했으면 좋겠어요. 예의를 갖춘다는 것은 삶을 대하는 태도라고 생각해요.

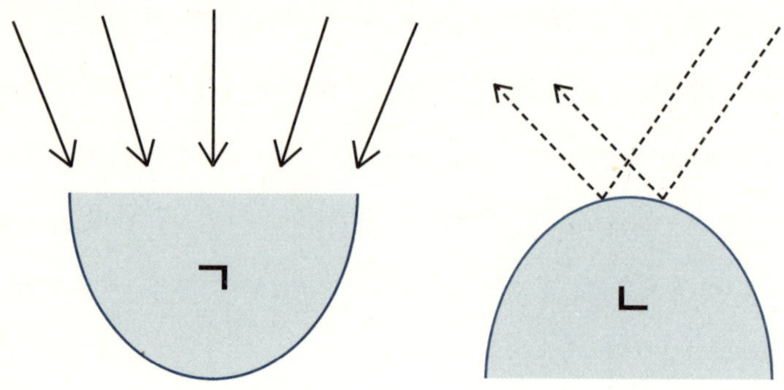

다시 말해 마음의 그릇이라고 할 수 있죠.

예의를 갖췄다는 것은 'ㄱ' 그림처럼 주변에서 하는 이야기를 겸손하게 받아들이고 흡수한다는 거죠. 주변사람들과 상황에 호의적으로 교류를 하면서 지내죠. 그러면서 자신의 그릇도 점점 더 커질 거예요. 매력적이고 호감적인 사람으로 성장할 테니 당연히 주변에 사람도 많아져요.

반대로 예의가 바르지 않다는 것은 'ㄴ' 그림처럼 주변에서 도움을 주려고 해도 스스로 튕겨내죠. 흔히 말하는 까칠함. '무슨 상관이야' '잔소리 하고 있네' '너나 잘하세요' 등의 까칠함으로 상대방에게 부정적으로 반응을 하겠죠. 이런 식으로 상대방을 대한다면 시간이 갈수록 외롭게 될 확률이 커요. 그리고 어느 날 정신을 차리면 점심시간에 밥을 혼자 먹고 있을 거예요. 외톨이가 되는 거죠.

　우리는 갈수록 가슴이 차가워지는 시대에 살고 있어요. 그렇다면 예의를 갖춘 따뜻한 마음을 가진 사람은 더욱 더 귀하게 여겨지겠죠.

　A도 반드시 지금부터 예의를 갖추려고 노력을 해야 돼요. 20대에는 인성의 씨앗을 뿌리는 시기에요. 뿌려놓은 씨앗을 바탕으로 30대, 40대가 되면 A는 따뜻한 인성을 열매로 수확할 수 있는 거죠.' 예의를 갖추는 것 그렇게 어렵지 않아요. 오늘부터 남들보다 먼저 웃어주고, 먼저 손 내밀고, A가 먼저 한 박자 빨리 움직이면 돼요.

기초 능력 3요소

　얼마 전 A가 나에게 말했던 고민 중에 방학 때처럼 시간이 많을 때에는 도대체 무엇을 준비해야 할 지 모르겠다고 하면서 힘들어 했었죠. A만 그런 것이 아니라 대다수의 대학생들이 그 점 때문에 많이 아파하고 힘들어해요.
　'무엇을 좀 해보고 싶은데 막상 어떤 것부터 어떻게 시작을 해

야 될 지 너무 막막하다.'

이런 생각을 가지고 있을 거예요. 결론부터 말할게요. 사회생활 혹은 직장 생활을 하기 위한 기초 소양을 키우는 데 주력하는 것이 좋아요. 어떤 직장이든 공통적으로 필요로 하는 능력을 준비하는 거죠. 보통 3가지를 말해요. 영어, 컴퓨터, 독서력. 이렇게 3가지 요소를 준비해 놓으면 어디서든 활용할 수 있는 분야이기 때문에 절대 손해 보지 않아요. 또한 제대로 갖추어져 있다면 A의 능력에 날개를 달아줄 거구요.

1) 컴퓨터

관련 자격증을 취득하는 것이 좋아요.

혼자 할 생각 말고 관련 학원을 다니면 더 수월하게 자격증을 취득할 수 있어요. 이제 20대가 되면 학원을 제대로 활용할 줄 알아야 해요. 고등학교 다닐 때처럼 억지로 학원을 가는 것이 아니라 A가 판단해서 필요한 학원을 골라서 다녀야 하는 거죠.

학원을 다닌다는 것은 일정금액을 지불하고 전문가들이 가지고 있는 지식을 산다고 생각하면 편해요. 그렇게 함으로써 A의 시간을 아낄 수 있죠. 다시 말해 돈으로 시간을 사는 거예요. 많은 학생들이 시간이 많으니까 혼자 공부한다고 책 잔뜩 사 놓고선 주먹구구식으로 공부하다가 포기하는 경우가 많아요.

그러지 말고 전문가한테 체계적으로 배우는 것이 좋아요. 기초가 없을 때에는 관련 전문가에게 배우는 것이 가장 현명해요. 가장 기본적인 자격증부터 준비해요. 워드프로세서, 컴퓨터 활용능력, PowerPoint 관련 자격증을 가지고 있으면 활용할 수 있는 분야가 많아요. 이런 기본적인 자격증도 없는 학생들도 은근히 많거든요. '한글, 엑셀, 파워포인트 할 줄 아는데 굳이 자격증 따야 되나?' 이렇게 안일하게 생각하면 안돼요. 할 줄 아는 것과 자격증을 가지고 있는 것은 큰 차이가 있다는 것 꼭 명심하구요.

어떤 회사든 문서작성 및 편집, 예산관련 작업, 프리젠테이션을 해요. 이런 업무를 맡아서 할 때 기본적인 컴퓨터 능력을 갖추고 있다면 일을 좀 더 세련되고, 정확하고 효과적으로 해나갈 수 있어요. 그만큼 업무 스트레스도 줄구요.

많은 학생들이 전공 관련 능력들은 많이 준비하는데 기초적인 능력들은 소홀히 하는 친구들이 은근히 많아요. 절대 그러지 말고, 여유가 있을 때 미리미리 준비해두는 것이 좋아요. 바로 시작해요. 막상 자격증 준비하면 생각보다 쉽고, 빠른 시일 안에 자격증 취득할 수 있어요.

2) 독서

A도 공감하겠지만 사회가 점점 발달하고 빨라지면서 자신의

의견과 능력을 논리정연하고 명확하게 전달할 수 있어야 해요. 상대방을 설득하고, 대화를 이끌어가고, 오해가 없도록 자신의 의견을 전달할 수 있어야 하죠. 또 많은 사람들 앞에서 자신감 있게 스피치를 할 수 있는 능력이 반드시 필요해요.

그런데 이 모든 능력을 키워주고 도와줄 수 있는 것이 독서에요. 방대한 지식을 바탕으로 기초 상식을 쌓고 그 지식을 토대로 다양한 사람을 상대할 수 있어야 하죠. 좋은 글을 많이 읽어서 세련되게 A의 의견을 전할 줄 알아야 해요.

"Leader is Reader."라는 말 들어봤죠. 결국은 실력을 갖춘 따뜻한 리더가 많은 사람들을 이끌어 갈 수 있어요. 실력을 키워주는 가장 좋은 수단이 독서구요. 갈수록 전문화되는 사회에서 독서를 안 한다는 것은 태평양 한 가운데에서 A가 타고 있는 배 바닥을 스스로 도끼로 찍는 것과 같아요. 독서는 A의 능력을 확실하고 효율적으로 키울 수 있는 가장 안전한 수단이에요. 독서에 관해서는 뒤에서 좀 더 자세하게 이야기할게요.

3) 영어

'글로벌 사회, 지구촌, 영어는 만국 공용어' 이런 판에 박히고 촌스러운 이야기는 그만하죠. 식상해요. A의 생각을 영어로 말할 수 있어야 하고 글로 써낼 수 있는 수준까지 갖추면 좋아요.

영어 기초가 없고 자신이 없다면, 이틀 보고 보지도 않을 토익, 토플 책 사지 말고 그 돈으로 영어 전문가들한테 기초부터 차근 차근 배우는 것이 훨씬 좋아요. 불필요한 시행착오는 굳이 겪을 필요는 없어요. 시간 낭비하지 말구요.

누차 강조하지만 기초가 없을 때에는 일정 수준까지 성장할 때까지 전문가의 도움을 받는 것이 가장 좋아요. 컴퓨터, 독서, 영어 능력은 사회 생활함에 있어서 기초 체력에 해당해요. 축구선수가 아무리 화려한 기술을 가지고 있어도 기초체력이 없으면 그라운드에서 아무 소용없어요. 화려한 기술을 보여줄 수도 없어요.

대학생활하면서 자투리 시간, 방학 이용해서 꾸준히 준비할 수 있는 것들이에요. 조금만 부지런하게 살면 남들보다 누릴 수 있는 것들이 너무나 많아요.

세상에서 가장 위대한 꾸준함

단거리든 장거리든 달리기는 우리 인생과 닮은 점이 참 많아요. A도 이제 어린 나이가 아니니까 무슨 말인지 이해할 수 있을

거라 믿어요.

대학시절 20대를 겪으면서 나를 가장 힘들게 했던 것은 조급함이었어요. 노력은 별로 하지 않았으면서 원하는 성과와 좋은 열매는 빨리 맺히기를 기대하면서 오는 커다란 조급함. 조급함이 나를 사로잡으면 절망과 좌절이라는 이름으로 스스로를 포장했던 것 같아요.

'왜 나만 이럴까. 나만 왜 자유와 행복을 포기한 채 언제 끝날지도 모르는 이 고생을 해야 하지. 참 짜증난다.'

나만 이렇게 힘든 것 같고, 누구 하나 알아주지 않는다고 생각을 해서 외로웠고 힘들었던 것 같아요. A도 그런 경험이 있을 거예요. 끝나지 않을 것 같은 지루함. 다른 친구들과의 비교의식. 이것저것 하고 싶은 것이 많은 데도 '미래를 위한 준비'라는 이름으로 포기해야 했던 아쉬움. 짜증 많이 나죠.

그런데 A가 즐겨먹는 과일을 잘 생각해 봐요. 열매가 맺히긴 위해선 반드시 겪어야 할 시간이 있잖아요. 혹독한 겨울을 지나고, 따스한 봄을 지나 습하고 뜨거운 여름을 지나야만 원하는 열매를 맺을 수 있잖아요.

인생도 똑같다고 생각하면 마음이 한결 가벼워져요. 무엇을 성취하기 위해선 반드시 필요한 시간과 에너지의 양이 있어요. 이 시간에 충실치 못하면 절대 원하는 열매는 맺을 수 없어요.

20대가 그래요. 지금 당장 A가 원하는 열매를 맺을 수 있는 것이 거의 없어요. 그래서 더 짜증이 나요. 아등바등 하면서 열심히 살고 있는 데 항상 제자리걸음하고 있다는 생각. 그런데 A가 지금 보내고 있는 이 순간이 결코 제자리걸음이 아니에요. 열매를 향해 점점 가까이 가고 있는 중이에요. 묵묵히 A의 길을 가는 것이 인내, 꾸준함이에요. 또한, 이 땅에 꿈을 위해서 묵묵히 자신의 위치에서 노력하는 사람들이 많다는 사실을 알게 된다면 A도 큰 위안을 얻을 수 있어요. 사람은 언제나 진행형이래요. 삶이 끝날 때까지 계속 진행형인 거죠.

그러니까 지금 소위 '잘나간다'고 좋아할 것도 없고, 잠깐 '뒤처져 있다'고 위축될 것도 없어요. 인생 끝까지 가봐야 아는 거예요. 20대는 A만의 인생의 열매를 위해 묵묵히 준비하고 걸어가는 시기니까 너무 조바심내지 말아요. 지금도 너무나 잘하고 있어요.

이 세상에서 가장 빠른 길은 A가 감당할 수 있는 양을 기복 없이 꾸준히 해나가는 거예요. A가 충분히 해낼 수 있기에 지금 하고 있는 일을 맡아서 준비하고 실행중이라 생각하면 한결 마음이 가벼워 질 거예요.

세상에서 꾸준함보다 위대한 것은 없어요.

예쁘고 상큼한 사랑

A는 사랑을 어떻게 정의하는지 궁금하네요. 막상 사랑을 정의 내리려면 너무 막연하고 어렵죠. 그리고 사랑이라고 하면 '사랑=연애'라는 생각이 지배적인 것 같아서 더 헷갈리기도 하구요.

대학 다닐 때 여러 번 연애 경험이 있었는데 사귄지 얼마 되지 않아 금방 헤어진 경우가 많았어요. 연애를 많이 안 해봐서 상대방 감정을 존중하고 위해주는 것이 서툴러서 그런 것도 있겠지만, 스스로 사랑이란 정의를 내리지 못해서 주변 커플 흉내 내다가 빨리 헤어진 것 같아요. 주변 사랑이야기에 쉽게 휘둘린 거죠.

돌이켜 보면 우리는 사랑을 대부분 TV나 영화, 여러 매체를 통해서 배워요. TV나 영화 속에서 연인에게 특별한 날에 꽃을 주거나 이렇다 할 선물을 주면 으레 그렇게 하는 것인 줄 알고 흉내 내기에 급급하죠. 그래서 그럴싸하게 흉내를 내면 사랑 전선에 이상이 없는 거고 흉내 내기가 버겁다면 능력 없는 사람으로 스스로를 전락시키죠.

처음 연애를 시작하면 모든 것이 설레요. 새로운 사람과 하는 것들은 모든 것이 처음이니까. 그 사람 생각만 하면 뭐든 다 해줄 수 있을 것 같고 그렇잖아요.

그런데 오늘은 커피숍, 밥, 영화, 내일은 밥, 커피숍, 영화, 모

레는 영화, 밥, 커피숍. 이렇게 반복하다 보면 어느 순간 재미가 없죠. 질리게 되고. 두 사람만의 독특한 무언가가 있어야 롱런하는 커플이 되는데, 여느 커플이 하는 것 흉내 내다가 소재가 떨어지면 뭘 해야 할지 모르는 거죠. 내가 그랬거든요. 그리고 정할 거 없으면 어설프게 에로 영화 따라하고.

냉정하게 말하면 커피숍, 밥, 영화는 A한테 시간적 여유와 돈만 있으면 누구와도 할 수 있는 아이템이에요. 누구와도 할 수 있는 것을 특별한 사람이랑 계속하니까 금세 질리고 재미가 없어지는 거죠. 그리고 진실한 사랑 없는 애정행각은 상대방을 성적 노리개 감으로 밖에 여기지 못하는 거예요.

'나를 이러려고 만나나?' 이런 생각이 들기 시작하죠.

상대방을 전혀 존중하지 않는 잘못된 행위에요. 두 사람만의 특별한 추억거리를 만들어 낼 수 있는 커플은 롱런하게 되어 있어요. 100쌍의 커플이 있다면 100개의 사랑이 있는 거래요. 그러니까 사랑이란 공통적으로 정의내릴 수 없다는 뜻이겠죠. A한테 특별한 사람과 이것저것 다양한 것을 해 가면서 독특한 재미를 만들어 낼 수 있어야 건강한 커플이죠.

그리고 20대의 사랑이면 20대 사랑답게 해야 하는 데 어설프게 30대, 40대 물질적으로 풍부한 사랑을 흉내 내면 가랑이 완전 찢어져요. 서로 상처만 잔뜩 받구요. 그렇게 되면 회복하기도 힘들어요.

그리고 만약에 지금 만나고 있는 사람이 물질과 돈에 찌들어 있는 사람이라면 만나지 말아요. 무슨 소린지 알죠? 주제넘게 사치 부리고 사랑을 돈으로 해결하려는 경향을 가진 사람이라면 쿨 하게 "안녕." 해도 돼요. 아무 문제없어요.

2,000원짜리 떡볶이를 함께 먹어도 실컷 웃고 마냥 행복할 수 있는 사람을 만나요. 그런 사랑이 훨씬 더 재미있고 건강한 사랑이에요. 예쁘고 올바른 사랑을 하면 A도 성장하고 상대방도 성장해요. 어떤 부분이든 간에 성장하게 되어 있어요. 하다못해 사랑을 하면 예뻐지고 잘 생겨진다고 하잖아요. 20대에 20대만이 할 수 있는 예쁘고 상큼한 사랑하길 바라요. 몇 달 용돈 모아서 비싼 스마트 폰 사줄 생각 말고 정성스레 손 편지 써 줘 봐요. 명품 가방, 명품 옷 사줄 생각 말고 그 돈으로 책 사주고, 가까운데 기차여행가고 의미 있는 선물해 줘요. 어떻게 하면 스킨십이라도 한 번 할까 고민하지 말고, 어떻게 하면 내 사람 위해 주고 아껴줄까 고민해요.

지금부터 이런 사랑이 몸에 배야 훗날 결혼해서 건강한 가정을 이룰 수 있어요. 누차 말하지만 세상에 노력 없이 얻는 것은 없어요. 건강한 사랑을 하려고 부단히 노력하는 사람이 건강한 사람을 만나 건강한 가정을 이룰 수 있어요.

A는 요즘 어떤 사랑하고 있나 궁금하네요. 거창하게 말하면 A만의 사랑 철학을 가지고 있어야 해요. 그래야 다른 커플들과 비교 같은 것 안 하고 알콩달콩 재미나게 사랑할 수 있어요. TV속 드라마나 영화는 모두 Fiction인거 알죠. 아름답게 포장한 허구. 그러니까 영화죠. 실제로 존재하지도 않은 것 따라하다가 실제로 A 옆에 있는 소중한 사람 놓칠 수도 있어요.

창의적인 삶을 사는 사람은 아마 사랑도 창의적으로 할 거예요. 이 세상에 오직 하나밖에 없는 예쁜 사랑하길 바라요.

세상에 기적은 없어요

위대한 업적이나 큰 성공을 거둔 사람들을 볼 때면 그 사람들에게는 뭔가 특별한 능력이나 초인적인 힘이 있는 것 같죠. 때로는 기적이라고 말을 하잖아요. 그런데 다른 사람들보다 꾸준함과 실천력을 가지고 있는 사람들이 기적을 이루어내죠. 사실 세상에 기적이라는 것은 없어요. 기적은 보이지 않은 노력들의 당연한 결과에요. 과묵하기로 유명했던 미국의 30대 대통령 캘빈 쿨리지는 다음과 같이 말했어요.

20대를 A만의 색깔을 찾는 시기라고 생각해요. 나 역시도 20대 때 '우영제'라는 색깔을 만들어 내려고 수 없이 많은 시행착오와 보이지 않는 노력을 했어요. 너무나 고통스러웠고 아팠죠. 많이도 혼란스러웠고. 자존심도 많이 상하고. 그런데 이제는 내가 확실히 무엇을 좋아하고 싫어하는지 구분할 수 있는 힘이 길러진 것 같아요. 그리고 무엇을 바라보며 인생을 살아가야 하는지, 정확한 목표를 만들어 냈죠.

또한, 나만의 색깔과 목표를 만들어내니까 삶의 여러 가지 문제에서 자유로워지고 쓸데없는 욕심을 제어할 수 있어요. A도 20대에 무슨 일이든지 차근차근 준비했으면 좋겠어요. 직장, 사랑, 결혼, 가정….

준비가 되어 있으면 보이지 않던 것들이 보여요. 꾸준히 노력을 하면 기회는 반드시 찾아와요. 10대에 꿈을 꾸고 20대에 준비하고 30대에는 선한 영향력을 끼치는 것이 가장 현명한 것 같아요. 기초가 없고 실력이 없는 사람은 언제나 불안하고 초조하죠. 자신의 실력 없음을 들킬까봐.

거짓된 실력은 언젠가는 들통나게 되어 있어요. 그때는 이미 늦어요. 20대에 인생 전반적인 분야의 기초를 충실히 다지는 A가 되길 바라요. 원래·이 세상에서 정말 소중하고 가치있는 것들은 대부분 눈에 보이지 않아요.

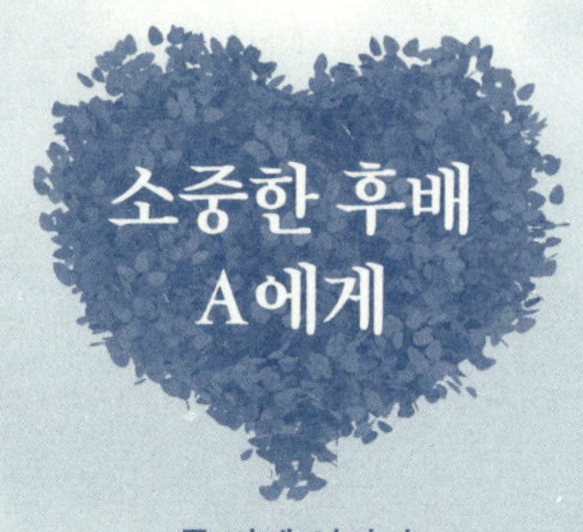

· 두 번째 이야기 ·

대학교 4학년 때, 취업 준비하며 과도한 스트레스로 하루하루 살았어요. 항상 초조해하고 불안해하며 걱정 속에서 살았죠. 스트레스를 푼다는 이유로 친구들과 폭음하면서 지냈죠. 술을 통해서 고통을 잊으려고. 그런데 어느 날 공부하는 데 몸의 오른쪽이 심하게 경련이 오고 마비증상이 오는 거예요.

'어? 이거 심상치가 않다?' 너무 겁이 나서 다음날 일찍 동네 한의원에 갔어요.

선생님께서 맥을 짚으시고 이것저것 살펴보시더니 풍 초기

증상이라는 거예요. 당연히 귀를 의심했죠. 일반적으로 나이 드신 분들한테만 온다고 알고 있는 풍이 나한테도 온 거예요. 미칠 노릇이죠.

"영제 너 요즘 뭐 준비하니?"

"대학교 4학년이라 취업 준비 중입니다."

"그래. 힘든 건 알겠는데…. 너 계속 이렇게 지내면 몸 다 상한다."

우려와 걱정 섞인 대화를 마치고 집으로 오면서 망치로 머리를 맞은 것 같았어요.

'어떻게 20대 중반인데 풍이 오지? 나 이렇게 살다가 완전 몸 박살나겠는데?'

'내가 완전 잘못 살고 있구나. 어떻게 해야 하나.'

지금까지 열심히 살았다고 자부했는데 결국은 멍청하게 산거였죠. 이렇게 걱정이 되기 시작하니까 한동안 공부가 손에 잡히지 않았어요. 사람들을 만나서 위로가 받고 싶었죠. 그래서 친구들에게 털어놨어요.

"나 풍 초기란다."

"그러니까 영제야 마음 편하게 먹어, 넌 너무 조급해하고 초조해 하는 것 같아. 그러니까 스트레스 받지 말고."

다른 분들을 만나도 나에게 해주는 조언은 비슷했어요.

"영제야 마음 편하게 먹어."

뭐, 이런 식의 충고나 조언이었죠.

그래서 듣다듣다 짜증이 나서 내가 역으로 물어봤죠.

"마음 편하게 먹는 것 어떻게 하는 거예요? 누가 그걸 모르나 좀 알려줘 봐요."

그럼 많은 분들이 말문이 막히거나 원론적이고 추상적인 이야기만 하는 거예요. 귀에는 하나도 들릴 지 않는 그런 이야기요. 그래서 그때부터 고민을 하기 시작했어요.

'마음을 편하게 먹는 것 어떻게 하는 거지?

그래서 나름대로 노력을 했어요. 책도 보고 사람들과 이야기도 실컷 해보고 신앙생활도 하면서 내 인생에 대한 진짜 고민에 대한 답을 찾으려고 열심히 노력을 했어요. 그렇게 노력한 끝에 답답하던 것들에 조금씩 구름이 걷히기 시작했어요.

'목적 없이 방향 없이 남들 따라서 열심히 하는 척하다가 풍 초기까지 간 거구나. 정작 나는 행복하지도 않았는데 헛수고한 거구나. 헛수고 하다 몸과 마음이 지친 거구.'

그래서 지금까지 내가 살아온 삶을 뒤돌아봤죠. 그런데 놀랍게도 20대 중반까지 내가 정말 좋아서 한 일은 없었어요. 내 행복과는 별 상관없이 남들 보기에 좋아 보이는 일, 남들한테 자랑할 수 있는 일을 열심히 찾아다니다가 결국은 몸과 마음이 지쳐버린 거죠. 결국 예민하고 조급해 한다는 것은 시간에 쫓겨 살고, 불안해하며 산다는 거예요.

내 속에 있는 진짜 우영제는 고등학교, 대학교 생활을 지내면서 지쳐가고 있는데 겉에 있는 가짜 우영제는 사회적으로 보기에 그럴싸한 일들을 해나가면서 잘하고 있다고 착각을 한 거죠.

지금까지 가짜로 살아 왔다는 것이 확실했어요. 그래서 그때부터 내가 정말 원하는 삶을 구체적이고 명확하게 그리기 시작했어요. 좋아 보이는 거 말고 진짜 좋아하는 일. 내가 잘할 수 있는 일 내가 좋아하는 일을 찾기 시작했어요. 하고 싶은 일이 눈에 확실히 보이니까 불안하고 초조한 감정이 조금씩 사라지더라구요.

그때부터 시간에 쫓기지 않았어요. 달려갈 곳이 눈앞에 확실히 보이니까 쓸데없고 불필요한 것들은 자동으로 신경이

꺼졌어요. 내가 시간을 끌고 가게 된 거죠. 시간에 쫓기지 않으니 삶의 여유가 생기고 거짓말처럼 건강이 좋아졌어요.

'내가 지금까지 시간을 잘못 사용하고 있었구나' 하는 생각이 확실해졌죠. 그래서 시간에 대해서 더 공부하고 공부한 내용을 삶에 적용했더니 같은 일을 처리하는데 더 빨리 효율적으로 처리할 수 있었죠. 그러면서 여유란 것을 느낄 수가 있었죠.

이 원리를 확장해서 공부에도 적용했죠.

'내가 계속 시험에 실패 하는 데에는 이유가 있을 거야. 나에게 맞는 방법을 찾자.'

그래서 학습 방법에 대해서 공부하고 적용했더니 전보다 훨씬 공부가 잘되는 거예요. 그랬더니 학습에 대한 성취감이 생기고, 내가 성장하는 것이 느껴지니까 역시나 불안하고 초조한 감정이 사라지더라구요.

A한테 해주고 싶은 이야기는 이거에요.

"20대 때 초조하고 불안한 가장 큰 이유는 내 삶의 목표가 분명하지 않아서예요. 목표가 명확하게 보이지가 않으니까요. A가 어둡고 깜깜한 곳을 걸어가면, 깜깜해서 무서운 것은 별로 없어요. 앞이 보이지가 않고 뭐가 나올지 몰라서 더 무서운 거예요. 내가 어떻게 대처해야 할지를 모르겠으니까 무서운 거죠. 그래서 젊었을 때 A 삶의 분명한 목표를 찾는 것이 가장 중요해요. 그것을 찾아야만 주변의 기준으로 자유로워지고 A만의 인생을 만들어 갈 수가 있어요."

그리고 목표를 찾았다면, 그 목표에 효율적·효과적이고 안전하게 도착할 수 있도록 도와주는 도구가 필요할 거예요. 그 도구가 바로 A에게 맞는 시간관리법·공부방법을 찾는 거예요. A가 20대에 확실한 목표를 찾고 A에게 맞는 시간관리법, 학습법을 찾는다면 A만의 인생을 만들 수 있어요. 주변을 흉내 내거나 쫓아가는 삶이 아닌 A만의 진짜 삶을 살아갈 수 있어요.

그래서 지금부터는 A한테 시간관리법과 학습법에 대한 이야기를 하려구요. 그렇게 어렵지 않아요. 거창하지도 않구요. 누구나 할 수 있어요. 반드시 A만의 인생을 만들어 갔으면 좋겠고, 내가 해주는 이야기가 조금이나마 도움이 되었으면 좋겠어요.

A, 이루고자 하는 목표를 위해서 잠까지 줄여가며 하고 싶

은 것 꾹 참아가면서 도전했는데 실패했던 숱한 경험들 있죠. 앞에서 봤겠지만 난 너무 많아요. 그래서 누구보다 많이 아파봤고 바닥까지 떨어져 봤으며 심각한 절망감까지도 느껴 봤어요. 그때마다 내 자신에게 물어봤죠. '난 왜 안 될까? 난 왜 못할까? 세상 살아갈 때 열심히 하면 성공할 수 있다고 배웠는데 왜 계속 실패할까? 그래 난 원래 못난 놈이니까. 내 주제에 성공은 무슨' 이러면서 자신을 비하하고 자존감마저 바닥에 내팽개치곤 했어요. 그렇게 힘겹게 하루하루 지내던 어느 날 문득 이런 생각이 나를 스치고 갔어요.

'자신의 꿈을 이룬 사람들은 태어날 때부터 선택되어진 사람인가? 절대 아닐 거야. 내가 모르는 뭔가가 있을 거야. 그 방법이라는 것을 찾아보자!'

그렇게 마음을 고쳐먹고 본격적으로 방법에 대한 진짜 고민을 시작했죠.

꿈을 이룬 사람과 꿈을 이루지 못한 사람의 가장 큰 차이는 무엇일까요? 그것은 인생의 축소판인 하루를 어떻게 보내는지 하루하루의 시간을 사용하는 방법의 차이, 일을 추진해 나갈 때 효율성과 효과성의 문제일 거예요. 공부든 업무든 자기 계발이든 자신의 능력을 성장시키기 위한 올바른 방향 성효율적인 방법, 꾸준함, 현실감각행동실천능력이 있어야 해요.

　A도 이런 이야기를 지겹게 들어봤을 거예요. "고기를 잡아주지 말고 낚시하는 방법을 알려줘라." 멋있는 문장이죠. 하지만 냉정하게 더 깊게 질문을 던져봐야 돼요. 그렇다면 낚시하는 방법은? 낚시하는 방법은 어떻게 알려줄 것인가? 그래서 나는 위문장에 '구체적'이란 단어를 넣었어요.
　"고기를 잡아주지 말고, 낚시하는 방법을 구체적으로 알려줘라!!"
　'구체적'에 해당하는 것이 바로 시간사용·활용 그리고 공부하는 방법이에요. 이 두 가지를 20대 A에게 전해줌으로써 인생을 주도적으로 살아갈 수 있는 힘을 길러주는 것이 맞아요.
　그렇다면 인생을 주도적으로 살아갈 수 있는 힘을 길러주는 구체적인 방법이 왜 시간활용법과 학습법일까요?

　첫째, 우리가 이 땅에 사는 동안에는 어떤 일 어떤 분야든지 모두 시간이라는 개념 아래에서 행해지잖아요. 그렇기 때문에 시간의 지배를 절대 벗어날 수 없어요. 그러므로 자신이 시간을 주도적으로 사용할 수 있는 힘을 기른다면 하루하루를 남에게 끌려 다니지 않고 온전히 내 인생의 주인이 될 수 있어요.

둘째, 또한 우리가 살아가는 사회는 평생학습사회예요. 더이상 평생직장이라는 것은 없어요. 기성세대들처럼 삶을 살아가면 낙오할 지도 몰라요. 더 이상 대학 졸업장은 경쟁력이 없어요. 생을 마감하는 날까지 공부를 하는 것은 피할 수 없는 사실이고 현실이죠. 그러므로 스스로 공부할 수 있는 힘을 키워 사회에 유연하게 대처할 수 있어야 하죠.

나는 지금 고등학교에서 학생들을 가르치고 있어요. 많은 학생들을 지도하고 많은 청년들을 만나면서 느낀 것은 우리나라 학생들은 정말 공부를 열심히 하고 싶고, 잘하고 싶어해요. 하지만 그 방법을 몰라서, 도대체 무엇부터 해야 할지를 몰라 방황하고 아파하고 있어요.

'열심히 하면 뭐하냐? 안 되는 걸. 에라 모르겠다. 어떻게든 되겠지. 완전 짜증나.'

열심히 하다가 결과가 좋지 않으면 이런 식으로 생각을 해요. 자신에게 맞는 방법을 찾지 못한 것뿐인데 으레 자기는 공부랑 인연이 없다고 생각을 해요. 그러면서 소중한 시간과 에너지를 허비하고 낭비하는 것을 너무나 많이 봤어요.

나 역시 대학시절 공부하는 방법, 내 인생을 어떻게 준비해야 하고 무엇을 준비해야 하는지를 몰라 수많은 시간과 에너지를 헛되이 버린 경험이 있어요. 누구하나 시원하게 방향을 제시해준 사람이 없었어요. 그래서 많은 사람들이 공감할 수 있고 충분히 소화해 낼 수 있는 시간관리법과 학습법을 제시해주면 내가 시행착오로 낭비했던 시간과 에너지를 A만큼은 아끼게 할 수 있을 거란 생각을 했어요.

A의 소중한 시간과 에너지가 낭비되지 않길 바라요. 또한 가슴속에 품고 있는 소중한 비전을 성취하는데 조금이나마 도움을 주고 싶다는 생각이 간절해요.

세상 모든 사람에게 공평한 자원이 있다면 그것은 시간일 거예요. 남녀노소 상관없이 사회적으로 성공한 사람이든 그렇지 못한 사람이든 공평한 자원이 시간이에요. 'Present'라는 단어 알죠? '현재'와 '선물'이란 뜻을 동시에 가지고 있잖아요.

현재라는 시제가 왜 선물이 될까요?

24시간이라는 하루는 우리 삶에 변함없이 배달이 되잖아요. A의 현재 삶의 위치, 삶의 열매 등은 하루라는 시간24시간을 어떻게 사용하고 어디에 투자했는지에 따라서 정해지죠. 또한 시간의 활용에 따라 A의 소중한 꿈과 비전을 성취해 낼 수 있고 A가 원하는 것을 얻을 수가 있으니 현재가 선물인 것은 맞는 것 같아요.

어떤 사람은 하루 동안에 많은 일을 하는 반면, 어떤 사람은 하루를 너무나 무료하고 무의미하게 보내요. 그 차이가 무엇일까요?

사람의 성격, 삶에 임하는 자세에 차이가 있을 수 있겠지만 시간 사용법과 활용법을 몰라서 차이가 생긴 것이라면 참으로 안타까운 일이죠. 시간 관리는 다이어트와 비슷해요. 세상에는 수많은 다이어트 방법이 있지만 모두 성공하지는 못해요. 자신에게 맞는 다이어트 방법을 찾아서 꾸준히 실천해야만 다이어트에 성공할 수 있잖아요. 시간 관리도 이와 같아요. 수많은 시간관리 방법이 있지만 그중에서 나에게 가장 적합한 시간관리 기술을 선택해야 하죠.

모든 다이어트에 공통되는 원칙이 있어요.

'섭취 칼로리를 소비 칼로리보다 낮추기'라는 원칙은 어떤 다이어트에 동일하게 적용돼요. 공통 원칙을 무시하고서는 다이어트는 절대 성공할 수 없어요. 그렇다면 시간 관리에도 동일하게 적용되는 공통되는 원칙이 있을 거예요.

그래서 지금부터 시간 관리의 공통되는 원칙에 대해서 이야기해 보려구요. 공통되는 원칙이라 해봤자 대단한 것은 아니에요. 또한 누구나 각자의 삶에 적용, 실천할 수 있는 내용이니까 부담 갖지 말구요. 아래 3가지 사항에 대해서 차근차근 알아보면서 공통원칙에 대해서도 이야기해 보죠.

1. 시간 관리 실패원인

2. 기본적인 시간 관리 기술

3. 시간 관리 기술을 삶에 구조화하고 습관화할 수 있는 방법

시간 관리.

시간을 제대로 활용해야 한다는 것은 누구나 알고 있잖아요. 그런데 막상 많은 사람들과 이야기를 해보면 정작 시간을 관리하고 시간을 지배하는 사람은 많지 않아요. 혹은 잘못된 시간 관리 방법이나 자신에게 맞지 않는 방법을 사용해서 아까운 시간과 에너지를 낭비하는 경우가 많더라구요.

왜 그렇게 시간 관리가 힘들까요?

게으름

시간 관리 실패에 있어서 가장 큰 원인은 할 일을 미루는 거예요. 바로 게으름이죠. 게을러지게 만드는 것은 자신이 해야 되는 일에 대한 막연한 두려움 때문이에요. 분명 자신이 무엇을 해야 하는지 알고 있으면서 도대체 어떻게 시작을 해야 하고 어디부터 시작을 해야 하는지 몰라서 게을러지는 경우가 많아요.

나 같은 경우에도 분명 많은 시간과 에너지가 있었음에도 불구하고 내가 할 일에 겁먹고 두려워해서 정작 시작하거나 도전하지 않은 경우가 많았어요. 특히 이 시대를 살아가는 A와 같은 대학생들이 이러한 이유로 게을러져요. 사회에서 요구하는 화려한 스펙들, 전공실력, 영어 등 해야 할 것이 너무 많아요. 이런 것들을 듣고 생각하고 있노라면 '과연 내가 할 수 있을까' 하면서 답답해지기만 하죠. 그리고 덜컥 겁부터 나요.

막연함과 두려움이 마음을 사로잡아 의욕을 갉아먹고 지레 겁을 먹게 돼요. 그렇게 되면 해야 할 일에는 손도 대지도 못하고 하루, 이틀 미루게 되는 거죠. 그리곤 막연한 주문을 걸어요. "내일부터 잘해야지, 내일부턴 할 수 있을 거야." 하면서 달콤한 유혹에 넘어가요.

그런데 냉정하게 생각해봐요. 달력에 내일이라는 날짜는 없어

요. 오늘 해결하지 못한 일이 내일이라고 해결이 될까요. 절대 그렇지 않아요. 대책 없는 자신의 미래를 믿지 마세요. 아무런 노력 없이 미래에 뜬금없이 그 문제를 해결할 수 있는 힘이나 능력이 생기지는 않아요.

일을 미루면 미룰수록 눈덩이는 점점 커져 끝내는 무지막지하게 커진 눈덩이가 나를 덮치게 됩니다. 게으름은 시간 관리의 최대의 적입니다!!

대책 없는 낙관론, 압박감

• 미래에는 다 잘될 것이라 생각하는 대책 없는 낙관론

미래에는 일을 쉽고 빠르게 마칠 수 있을 것이라고 생각을 해요. 그리고 일을 마치는 데는 그리 오래 걸리지 않을 것이라고 짐작하고 시작을 미루죠. 꾸준함과 실천력이 뒷받침되지 않은 막연한 긍정만큼 위험한 것은 없어요. 그건 요행이에요.

'언젠가는 되겠지, 언젠가는 내가 원하는 것을 이룰 수 있겠지' 하며 거짓된 희망을 품게 되는데 그 언젠가는 좀처럼 오지 않아

요. 그날그날 충실하고 매 순간 순간 집중해야만 그토록 바라던 그 언젠가를 맞이할 수 있어요.

> • 대책 없이 일을 미뤄왔음을 깨닫는 순간 갑자기 겪게 되는 공황상태, 압박감

체계적이지 못하고 계획이나 준비가 없는 자신에 대한 스트레스 반응을 말해요. 이렇게 되면 미루다 미루다가 궁지에 몰려 어쩔 수 없이 해야 할 일을 시작해요. 그럼에도 불구하고 일을 마무리해야 한다는 강요를 받았다는 생각과 잃어버린 자유 때문에 억울함을 느끼게 되죠. 이런 식으로 일을 하다보면 시간에 쫓겨서 스트레스와 긴장감은 극에 달하고 시간 관리는 엄두도 못 내요. 최악의 상황에는 '나 몰라라' 하고 모든 것을 포기하는 경우까지 발생하게 돼요.

시간 도둑

많은 학생들이 이렇게 이야기를 하는 것을 듣곤 해요. "너무 바쁘다" "여유? 나도 갖고 싶은데 할 일이 너무 많아서…." 하지만

그렇게 말하는 학생들의 하루를 들여다보면, 정말 불필요한 행동들로 시간과 에너지를 허비하고 있더군요. 그것보다 더 심각한 것은 시간이 새어나가고 있는 것을 자각도 하지 못하고 있죠.

뒤에서 자세히 언급을 하겠지만, 자신을 성장시키고 변화시키기 위해서는 새롭게 할 것을 정하는 것이 아니라 해서는 안 되는 것을 정하는 것이 훨씬 효과적이에요.

예를 들어 잠을 줄여서 공부를 하겠다가 아니고 TV 보는 시간을 빼고 불필요한 인터넷 웹 서핑 시간을 줄이겠다고 정하는 것이 훨씬 더 지키기가 수월한거죠. 필요 이상으로 잘하려고 노력하는 것보다 시행착오를 줄이고 불필요한 행동을 없애는 것이 장기적으로 보면 더 잘하는 거예요.

A의 삶에서 시간을 훔쳐가는 도둑들은 어떤 것이 있나요?

2. 시간 관리의 시작

시간 = 돈?

시간과 돈은 속성이 비슷해요. 어떻게 활용하고 사용하느냐에 따라서 인생에 큰 영향을 주잖아요. 일반적으로 돈을 모으는 방법은 2가지예요.

1) 자신이 가지고 있는 전문적인 능력을 바탕으로 수익을 발생시키는 것

2) 불필요한 지출이 발생하지 않도록 돈이 새어나가는 구멍을 철저하게 막는 것

이 두 가지 방법을 철저하게 실천해야만 돈을 차근차근 모을 수 있죠.

시간도 이와 비슷해요. 우리가 알게 모르게 허비하고 있는 시간만 잘 관리해도 일상생활에서 다양한 행복을 누릴 수 있어요. 시간 활용함에 있어서 A가 크게 놓치고 있는 부분이 있어요. 어렸을 때에는 시간을 낭비하고 지내도 주변의 친구들과 능력, 삶의 질적인 면에서 큰 차이가 없어요. 심지어는 열심히 하는 친구들을 보며 한심하다고 놀릴 수도 있죠.

그러나 하루하루 시간과 에너지를 어디에 사용하고 투자했는지에 따라서 삶에 보이지 않는 간격이 점점 벌어져요. 무섭게도 젊음의 때에는 삶의 간격이 좀처럼 보이지 않아요. 그렇게 시간이 지나면 시간적 선택들이 모여져서 나이가 들수록 삶의 간격은 어마어마하게 벌어지죠. 뒤늦게 정신을 차리고 간격을 좁혀보려 노력을 해보지만, 수십 년에 걸쳐 벌이진 간격은 좀처럼 좁혀지지 않아요.

더욱 슬픈 것은 정신을 차리고 열심히 살아보려고 해도 내가 숱하게 버린 시간들 때문에 발목이 잡혀 좀처럼 앞으로 나갈 수가 없게 돼요. 그런데 이런 결과는 너무나 공평한 거예요. 뿌린 대로 거두는 거잖아요.

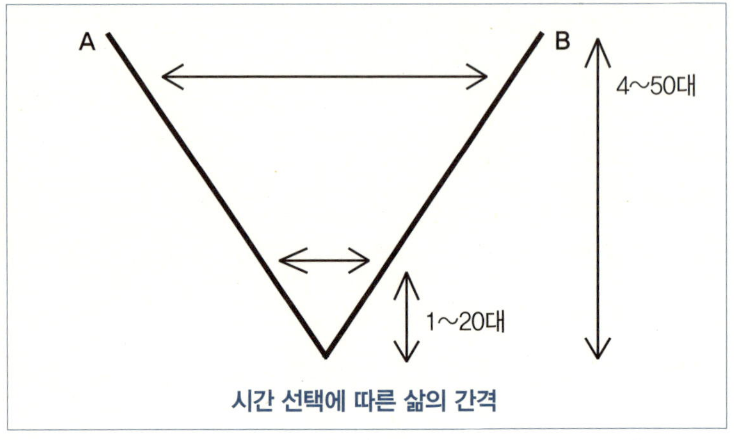

개인적으로 "늦었다고 생각될 때가 가장 빠른 때"라는 속담을 좋아하지 않아요. 내가 늦었다고 후회가 되면 늦은 경우가 많아요. 위의 속담은 열심히 살던 사람이 새로운 것에 도전할 때 적절하게 사용되어질 수 있는 속담이에요. 이렇게 되지 않기 위해서는 시간적 여유가 있을 때 미리미리 대처하는 자세가 필요해요.

시간 관리의 기본적인 기술부터 알아볼게요. 앞서 말했던 것처럼 "섭취 칼로리를 소비 칼로리보다 낮춘다."라는 다이어트 공통 원칙이 있는 것처럼 시간 관리에도 공통원칙이 있어요. 여러 가지 변형이 가능하지만 대원칙을 지키면 성과를 얻을 수 있어요. 시간 관리 공통원칙이란 "삶에서 불필요한 시간을 빼어버리고 그 자리에 유익한 활동들로 채우는 것입니다."

지금부터 공통원칙에 해당되는 시간의 덧셈·뺄셈, 우선순위 정하기, 인생의 핵심역량 정하기에 대해서 알아볼게요.

시간의 덧셈·뺄셈

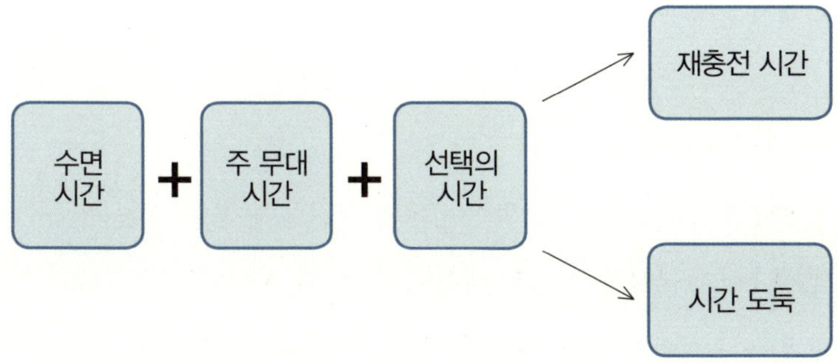

1) 하루의 구성

A의 하루는 특별한 경우를 제외하곤 위와 같이 구성될 거예요. 잠을 자야하고, 학교생활, 학교 후 집에서 활동을 하면서 살아가죠. 그런데 시간 활용함에 있어서 가장 많이 하는 고민이 학교 수업을 마친 후 시간을 어떻게 보내야 할지에요.

• 수면 시간

하나님께서 인간에게 주신 가장 큰 선물 중에 하나가 바로 수

면이에요. 건강한 수면은 아무리 강조해도 지나치지 않죠. 수면 시간을 통해 하루 종일 열심히 활동했던 수십조 개의 세포들이 피로를 회복하고 재충전하기 때문이죠. 그런데 학업과 업무를 한다는 이유로 잠을 줄이면 몸의 피로가 쌓여서 결국은 병이 발생하게 돼요. 잠은 반드시 자야 돼요. 대신에 '허리가 아파서 더 이상 못자겠다'라는 생각이 들 정도로 자면 큰일나구요. 수면에 대해서는 '공부'편에서 더 자세하게 이야기할게요.

• 주 무대 시간

현재 A 삶의 위치에서 주축이 되는 시간을 말해요. A는 지금 학생이니까 학교에서 보내는 시간이 주 무대 시간이 되는 거죠. 다시 말해 인생에서 가장 주축이 되는 시간이에요. 직장인이라면 회사 근무 시간이 이에 해당되겠죠. 주 무대 시간에 충실하고 만족도가 높은 사람일수록 삶에 대한 행복도와 만족감이 높은 편이에요. 그런데 수면 시간과 주 무대 시간은 A가 조절할 수 있는 성격의 시간이 아니에요. 물론 수면 시간을 2~3일 정도 줄이거나 늘릴 수는 있지만 반드시 그에 따른 대가를 치러야 해요. 주 무대 시간 역시 학생이라면 등, 하교 시간과 수업 시간이 정해져 있죠. 직장이라면 출퇴근 시간과 업무 시간이 정해져 있구요. 그래서 수면 시간과 주 무대 시간은 의무적으로 행해야 하는 시간이에요.

• 선택의 시간

하지만 선택의 시간, 다시 말해 주 무대 시간이 끝난 후에는
온전히 A 선택에 따라 시간을 자유롭게 활용할 수 있어요. 선택
의 시간을 어떻게 활용 하는지에 따라서 수면 시간과 주 무대 시
간에 영향을 주는 것은 물론이고, 전체적인 삶에도 큰 영향을 미
칠 수 있죠. 시간 관리의 핵심은 선택 시간의 활용에 있는 거죠.

2) 시간의 선순환

• 시간의 선순환재충전의 시간

말 그대로 삶을 재충전 하는 시간이에요. 주 무대 시간 동안
지친 몸과 마음을 회복하는 시간이에요. 또한 열심히 생활한 스
스로에게 보상을 주는 시간이죠.

재충전의 시간은 다음과 같은 것들로 채우면 좋아요.

– 자기 개발을 위한 학습과 기술 습득

– 집중력 향상과 건강을 위한 운동

– 정서적 안정과 소중한 추억 만들기

– 자신의 취미활동독서, 영화, 음악, 춤 등

– 신앙생활

선택의 시간을 재충전의 시간으로 채운다면 스트레스도 풀고,
소중한 사람들과 함께 시간을 보내면서 정서적 안정감과 만족감

을 느낄 수 있죠.

또한 꾸준한 능력 개발로 인하여 주 무대 시간에 업무처리 속도와 학습 능력이 향상되어서 같은 시간당 학습 및 업무 만족도가 향상 될 수 있어요. 같은 시간 당 더 많은 일을 끝낼 수 있죠.

재충전 시간의 가장 큰 매력은 시간의 선순환을 만들어 낸다는 점이에요.

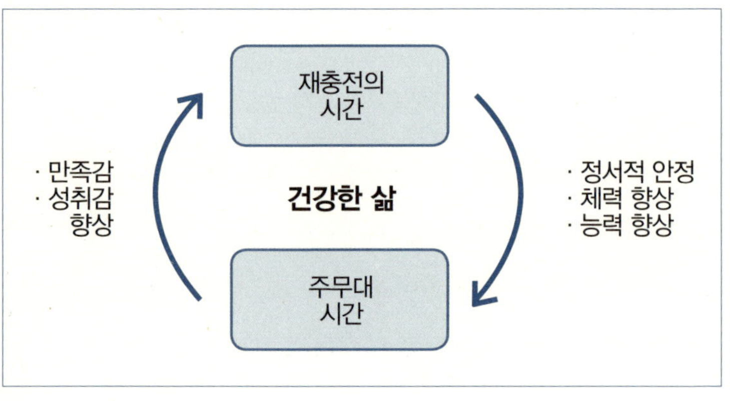

삶에 대한 만족감과 성취감이 향상 돼요. 향상된 능력과 정서적 안정을 바탕으로 또 다른 삶의 목표를 세울 수 있고 도전할 수 있죠. 이렇게 되면 몰랐던 새로운 세계를 접하고 경험할 수 있죠.

꼭두각시 같은 삶이 아니라 창의적인 삶을 살 수 있어서 하루하루가 재밌죠.

3) 시간의 악순환(시간 도둑)

나 역시도 시간 관리, 자기 계발 이야기를 하고 다니지만, 나도 모르게 새어나가는 시간이 참 많더군요. 대표적인 시간 도둑이 습관적으로 하는 인터넷 검색, 연애기사 검색, 스마트 폰 사용일 거예요. 특별한 목적 없이 의미 없이 시간을 보내는 경우가 참으로 많더라구요. 하루 중 이런 식으로 버리는 시간을 모아본다면 생각보다 많다는 것을 알 수가 있어요. 그러니 효율적인 관점에서 생각해봐도 시간을 창출해 내는 것보다 우선은 불필요한 시간부터 없애는 것이 훨씬 더 생산적이에요.

하루 중 A도 모르게 새어나가는 시간이 반드시 있어요. 그것을 자각하고 있느냐 못하고 있느냐의 차이인 거죠. 그렇다면 A의 시간을 훔쳐가는 대표적인 시간 도둑에 대해서 알아보죠.

- 장시간 TV 시청, 장시간 게임, 무의미한 웹 서핑
- 디지털 시간 낭비
- 술, 담배 등의 중독성 물질
- 인생의 목표 없음

• 하릴 없이 보는 텔레비전

좀 더 냉정하게 생각한다면 "TV를 매일 2시간 정도 본다고 해서 자신이 원하는 기술을 습득할 수 있나요?" "TV를 보는 것이

5년 후, 10년 후에 우리가 유능한 사회인이 되는 데 무슨 유익을 줄 수 있을까요?" "지금까지 오랜 시간 TV를 본 결과, 얻어진 것은 무엇인가요?" "내가 지금 반드시 봐야하는 TV프로그램을 못 봤다고 큰일이 발생 했었나요?"

예를 들어 하루에 2시간 TV를 본다고 가정하면,

{(2시간×7일일주일=14시간)×4한 달=56시간}×12개월1년=672시간

주말이나 휴일에 TV 더 많이 보는 것까지 계산하면 어마어마하죠. 정말로 보고 싶은 TV 프로그램은 주말이나 휴식시간을 이용해 인터넷으로 다운 받아 보는 것도 참 괜찮은 방법이에요. 보고 싶지도 않은 광고를 안 봐도 되니까 그만큼 시간도 아낄 수 있겠죠.

나도 예능프로그램과 토크쇼를 너무나 좋아해서 개인휴식시간, 주말을 이용해 챙겨 봐요. 스트레스도 풀고 개그소재, 대화소재로 활용하려구요. 방송국 시간표에 A의 인생 시간표를 맞추지 말고 A의 인생 시간표에 방송국 시간표를 맞추었으면 좋겠어요. 본방사수 안했다고 A한테 절대 큰일 안 생겨요.

• 장시간 하는 인터넷 게임, 습관적으로 하는 웹 서핑, 디지털 시간 낭비

게임이나 웹 서핑을 하지 말라는 소리가 아니에요. 장시간에 주목해야 하는 거죠. 장시간 게임이나 습관적으로 하는 무의미

한 웹 서핑으로 인해 A의 주 무대 시간이 흔들리게 돼요. 몸이 피곤하거나 눈이 피로하여 자신의 학업이나 업무에 집중할 수 없다면 더 큰 스트레스를 만드는 거죠. 특히 장시간 게임은 게임 회사에 근무하거나, 프로 게이머가 아닌 이상 아무리 능숙해져도 A에게 크게 득이 되지 않아요. 그뿐만 아니라 수면 부족이나 어깨 결림을 초래하여 시간적 효율이 떨어지기도 해요.

결국 현실세계에는 불만족해지고 게임에 빠져 대리만족을 느끼는 악순환이 되풀이 되는 거죠. 기분 전환이나 시간 때우기 따위로 게임을 하고 싶은 욕구가 있다는 것은 이해하지만 게임할 시간과 돈이 있다면 좋은 책을 사서 읽어요. 좋은 영화를 보고 좋은 음악을 듣는 편이 훨씬 나아요.

요즘 가장 심각한 시간 도둑이 스마트 폰 등의 디지털 시간 낭비에요. 스마트 폰을 가지고 생각 없이 1~2시간을 버리는 경우가 허다하죠. 대학생들을 보면 스마트 폰을 잡고 있지 않으면 불안해 할 만큼 IT기기에 의존하는 성향이 강하더군요.

디지털 기기가 사소한 우리 일상까지 점령하면서 부터 디지털 세대들은 가슴이 차가워지고 디지털 치매현상은 갈수록 심해지고 있어요. 사고력은 갈수록 약해지고 시각적이고 빠른 것들에만 집중을 해요. 당연히 자극적인 것에만 반응을 하게 되죠. 이런 학생들에게 창의적인 사고를 기대하기는 어려울 거예요.

A 또래 학생들은 놀 줄을 모르는 것 같아요. 아니 정확히 말하면 사람과 어울릴 줄을 몰라요. 굳이 옆에 친구가 없어도 외롭지 않고, 아쉬운 것이 없죠. 그 자리를 컴퓨터 게임과 각종 디지털 기기가 차지하고 있으니까요. 그래서 우리의 감성 역시 디지털화 되어가고 있어요. 이것이 가장 큰 문제에요.

디지털 감성을 갖게 되면서 자신도 모르게 '가슴 차가워짐'이라는 병을 앓고 있는 중이에요. 시대가 빨라지고 각박해지면서 가슴이 차가워지고 생각이 차가워져요. 당연히 삶도 차가워지겠죠. 가슴 차가워 짐 병에 걸리면 치료할 약도 없어요.

'동방예의지국'이라고 칭찬받던 우리나라가 어쩌다가 '가슴 차가워짐 병'에 걸린 걸까요? 디지털 기기 때문에 혼자 보내는 시간이 많아졌기 때문이에요. 친한 사람들과 같이 부딪히며 같이 울고 웃고 해야 사람 사는 향기가 나는데 어느 순간 주변사람들과 함께하는 것이 불편해지면서부터 우리도 모르는 사이 가슴이 차가워진 거죠.

또한 일회성 만남이 많아지고 그냥 스쳐지나가는 인연이라는 생각이 지배적이어서 사람 귀한 줄 모르고 함부로 대하는 것이 가장 큰 문제에요. '어차피 한 번 보고 안 볼 사인데 뭐' '수틀리면 다음에 안 보면 되지?' '내가 뭐 아쉬운 거 있나?' 등 이런 생각으로 사람들을 대하니 가슴이 얼음처럼 차가워지는 것은 너무나 당연하죠. 주변에 친구가 많고 소중한 사람들이 많은 사람일수록 건강하고 활기차게 오래 산다는 연구 결과가 있어요. 아무리 많은 돈, 많은 권력과 높은 명예를 가진 사람도 절대 넘볼 수 없는 자산이 바로 친구. 함께하는 사람이겠죠.

A의 휴식 시간, 자투리 시간을 점검했으면 좋겠어요. TV와 IT 기기로 너무 많은 시간을 빼앗기고 있는 것은 아닌지.

• 시간 도둑 – 술, 담배!

새무엘 존슨은 "자제보다 금욕이 실천하기 쉽다."라고 말했어요. 이유를 불문하고 술, 담배 끊어요. 반드시 끊어요. 아직 시작하지 않았다면 시작하지 말아요. 술과 담배의 특징은 의존성이에요. 알코올, 니코틴, 카페인 같은 약물은 그것이 없으면 안정을 취할 수 없도록 중추신경을 세뇌시켜요. 약물을 다시 투입하기 위해 행동을 컨트롤하는 거죠.

특히 A같은 젊은 친구들이 술, 담배에 빠지면 안 되는 이유가 있어요. 중독성 물질을 한 번 들이킬 때마다 두뇌는 조금씩 손상돼요. 문제는 이러한 손상이 절대로 치유될 수 없다는 거죠. 이것은 파도가 절벽을 서서히 깎아내는 것과 같아요. 한 번 밀려오는 파도로 많은 것이 깎이지는 않지만 몇 년이 지나고 나면 어느새 절벽이 깊게 파이고 구멍이 나죠. 우리 몸을 낭비하는 행동은 이러한 결과를 가져온다고 보면 돼요.

이처럼 중독성 물질에 자신의 에너지와 시간을 빼앗기는 것은 바다 한 가운데서 자신이 타고 있는 배 바닥을 스스로 도끼로 찍는 것과 같아요. 자신의 불찰로 인하여 스스로 인생을 침몰시키는 것과 같아요.

줄이는 것은 소용없어요. 끊어요. 반드시!

나도 20대 중반까지는 열심히 술을 먹고 다녔어요. 대학 다닐 때는 세상에서 제일 맛있는 게 삼겹살에 소주, 막창에 소주, 치킨에 맥주라고 생각을 했을 정도였죠. 그런데 잘 생각해보니까, 술 먹으면 고통스러웠어요. 밤늦게까지 술 먹고 다음 날 오전 10~11시쯤 일어나면 머리는 아프고. 폭풍 설사하고. 정신도 없고. 그렇게 해서 술 먹은 당일, 술 먹은 다음 날 2일을 고스란히 버리더군요.

그리고 술 먹고 취하면 왜 이렇게 다들 본인들이 술값 계산을 한다고 하는지. 나도 그랬던 것 같아요. 술 잔뜩 먹고 몇 만 원씩 내잖아요. 아깝지도 않다면서. 그거 다 술 취하고 맨 정신이 아니라서 그런 거예요. 그리고 아침에 지갑 열어보고 한 숨을 쉬면서 후회를 해요. '다신 술 안 먹는다'라는 말과 함께. 그렇게 후회를 하곤 또 마셔요. 내가 항상 그랬어요. 그런데 20대 중반에 이런 저런 힘든 일을 겪으면서 술을 끊었어요. 술 끊고 나서 가장 먼저 깨달은 것이 나는 만 원이 그렇게 큰돈인 줄 몰랐어요.

만 원이면 소중한 사람에게 5,000원짜리 밥 한 끼 사줄 수 있고, 영화 한 편 볼 수 있고, 책 한 권 사볼 수 있고, 내가 살고 있는 곳에서 가까운 곳으로 바람 쐬러 갔다 올 수 있는 교통비가 되더군요. 그리고 여름에 티 한 장도 살 수 있는 돈이에요. 만 원으로 참 많은 것을 할 수 있죠.

술, 담배를 끊은 이후 하루하루의 시간 효율은 몇 배나 향상돼요. 술, 담배 섭취하는 그 자체의 시간이 감소했을 뿐만 아니라 그 이상으로 시간 당 생산성이 크게 올라가요. 술, 담배를 했을 때 경제적 손실도 한 번 따져볼까요?

술값의 경우한 달에 10만 원 정도 사용한다고 하면

1년 : 10만 원×12개월1년= 120만 원

10년 : 120만 원1년×10년 = 1,200만 원

·

·

40년 : 1,200만 원10년×4 = 4,800만 원

이마저도 한 달 술값을 적게 잡은 수치라고 생각해요. 위에서

계산한 정도 금액이면 고급 승용차 한 대 값이에요. 그 보다 더 심각한 것은 술 때문에 잃은 건강은 40년 동안 먹은 술값의 몇 배를 써도 되찾기가 힘들어요. 열심히 벌어놓고 열심히 술 마셔서 열심히 병원에 갖다 주는 거죠.

담배의 경우하루에 한 갑 정도 피운다면

1갑3,000원×30일한 달 = 9만 원

1년 : 9만 원×12개월1년 ≒ 110만 원

10년 : 108만 원년×10년 ≒ 1,100만 원

·

·

40년 : 1,100만 원10년×4 = 4,400만 원

만약 술, 담배를 같이 한다면 적어도 1년에 술, 담배를 안 하는 사람보다 약 230만 원을 더 소비하는 거예요. 230만 원이면 보통 한 달 급여가 되는 금액이에요. 이런 사람들의 특징 중에 하나는 항상 돈이 부족하다는 말을 입에 달고 산다는 거죠.

이런 식으로 40년을 지속적으로 술, 담배를 같이 한다면 약 9,200만 원이라는 막대한 돈을 소비하게 돼요. 그래도 정말 술, 담배가 반드시 필요하다고 생각하나요?

• 시간 도둑 – 인생의 목표 없음

많은 학생들이 목표가 없어서 시간을 버리고 있어요. 좀 더 자세히 말하면 무엇을 해야 할지를 몰라서 시간과 에너지를 낭비하고 있는 거죠.

A도 "미래를 준비해라, 진로고민을 해라, 시간을 알차게 써라." 학교에서, 집에서, 사회에서 지겹게 들어 왔을 거예요. 모두 아는 이야기죠. 학생들이 더 짜증이 나는 것은 다른 친구들은 각자의 길을 찾아가고 있는데 나 혼자만 뒤떨어지고 있는 것 같은 생각이 들곤 하죠. 그래서 마음이 더욱 더 무거워지구요. 그렇다고 학교에서 이렇다 할 것을 제시해주는 것도 아니에요. 나와는 별 상관없는 이야기들 관심 없는 내용과 지식들로 채워져 있어 학교생활은 재미없죠. 학교생활에 관심과 재미를 발견하지 못하니 밑 빠진 독에 물을 쏟아 붓듯이 시간도둑에 시간과 에너지를 낭비하고 있는 거죠. 학교를 왔다 갔다 하지만 정작 내 머리에 남는 것은 없어요. 시간이 지나도 성장하지 않는 자신의 모습을 보면 더욱 더 화가 치밀어 오르고 짜증이 나죠.

이런 생활이 반복되면서 학교에 대한 기대는 무너지고 불필요하고 짜증 섞인 책임감으로 오늘도 학교를 가게 되죠. 이 땅의 너무 많은 학생들의 시간과 에너지가 낭비되어가고 있는 이유일 거예요. 정작 학교에서는 살아가기 위해서 필요한 삶의 지혜들을 알려주지 않아요. 그런 삶의 지혜들을 교육과정화해서 우리 학생들에게 전달해야 하는데, 우리나라 현 교육체제는 그 역할을 감당하지 못하고 있어서 너무나 속이 상해요.

또한 현 교육제도 역시 공부를 잘하는 소위 '상위 몇 %' 학생들을 중심으로 학교가 운영되죠. 정작 학교에선 중위권, 중하위권, 하위권 학생들에게 그들에게 맞는 삶의 방향을 제시해 주지 못해요. 그렇기 때문에 우리 학생들이 불필요한 방황을 하고 아파하고, 학년이 올라갈수록 학교와 거리가 멀어지고 있어요.

많은 학생들과 이야기를 나누어 보면 공통적으로 하는 이야기들이 있어요. '할 게 없어서 시간을 버린다'라는 거예요. 우리 사회는 갈수록 전문화되고 다양화되어 가고 있는데 정작 우리 학생들은 할 일이 없다는 거예요. 완전 모순이죠.

뿐만 아니라 사회는 우리 학생들에게 참된 인재를 요구해요. 창의적인 인재, 인성을 겸비한 인재, 전문성과 실무를 겸비한 인재를 요구하죠. 그런데 정작 우리 사회와 우리 학교는 전문적인 인재를 길러낼 힘이 약해요. 인재를 길러내기는커녕 기본적인 사회구성원으로서 갖추어야할 기본 소양이나 기초 능력 또한 키워주지 못하고 있는 것이 사실이죠.

지금까지 알아본 시간 도둑의 가장 큰 문제는 삶의 악순환을 만들어 낸다는 거예요.

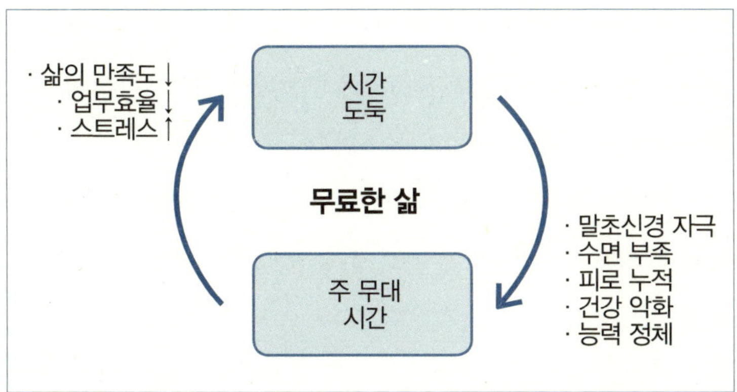

주 무대 시간이 끝난 후 늦은 시간까지 술을 마시거나 장시간 게임을 한다면 수면 시간은 부족하죠. 당연히 피로가 누적되고 건강은 상하게 되겠죠.

이렇게 되면 정말 중요한 주 무대 시간이 흔들리게 돼요. 집중력은 떨어지고 피로한 몸과 마음 때문에 정서적 안정감과 성취감은 찾아보기 힘들어요. 이렇게 되면 당연한 듯이 삶에 대한 무료함이 밀려오죠. 스트레스를 푼다는 이유로 또 다시 시간 도둑들을 찾게 되는 악순환을 반복하게 되죠.

4) 시간 관리 첫 번째 공통원칙

시간 관리 공통원칙 첫 번째 : 시간은 한정되어 있기 때문에 새로운 것을 적용하기 위해선 기존의 것을 빼고 뺀 자리에 새로운 것을 넣기

하지 말아야 할 것을 먼저 정하고, 해야 할 것을 계획하면 그
것은 실천 가능한 계획이 돼요. 하지만 해야 할 것만 정하고 하
지 말아야 하는 것을 버리지 못하면 아무 소용이 없죠.

　시간의 덧셈 뺄셈 원리는 간단해요. 삶에서 철저하게 시간도
둑을 쫓아내고, 쫓아낸 그 자리에 재충전의 시간들로 채우는 거
예요.

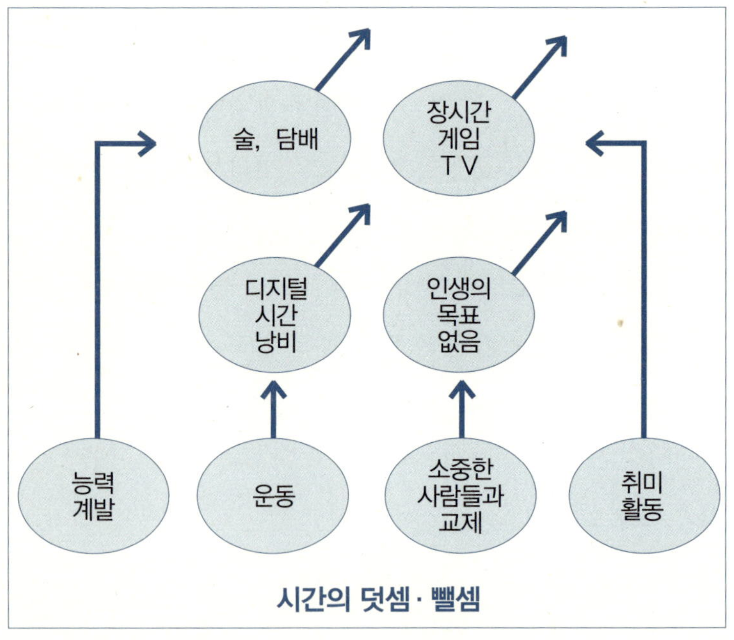

　술, 담배 할 시간에 A의 능력개발을 위한 시간으로 활용하고
방에서 실컷 TV 보고 컴퓨터로 시간 죽일 때 밖에 나가 운동하

고, 자투리 시간에 스마트 폰 만지지 말고, 책 읽고…. 덧셈 뺄셈
느낌이 오죠. A 상황에 맞게 탄력성 있게 활용하면 될 거예요.

지금까지 내가 제시한 것은 일반적인 거예요. 사람마다 시간
도둑의 요소와 재충전 시간의 요소가 다르잖아요. 이 글을 읽고
있는 지금 A 삶의 시간 도둑과 재충전 요소들을 점검해 보고 시
간의 덧셈·뺄셈을 해보면 좋겠네요.

3. 우선순위 정하기

흔히 시간 관리를 잘한다고 하면, 치밀한 계획표를 짜고 그것을 잘 실천하는 것을 떠올리죠. 하지만 그 보다 앞서야 하는 것은 '무엇을 위해' 계획표를 짤 것인가, 즉 목적의식이 분명해야 한다는 거죠.

시간 관리란 우선순위를 두는 것입니다.

아무 일 하지 않는 것이 무조건 죄악은 아니에요. 예를 들어 아플 때는 푹 쉬는 것이 다른 어떤 일보다 중요하잖아요. 일단 건강을 되찾는 것이 최우선이니까요. 영어 공부 몇 시간, 운동 몇 시간 하는 식으로 기계적으로 구성하는 '계획을 위한 계획'은 의미도 없을 뿐더러 중간에 포기하게 될 가능성도 높아요. 그러니 시간 관리를 할 때 구체적이고 분명한 목표를 세우는 것이 가장 중요해요.

자신의 핵심역량 정하기

나는 박지성, 김연아 선수를 좋아해요. 젊은 나이에 세계적으로 자신의 위치를 확고히 하고, 세계 최고의 선수들과 어깨를 나란히 하는 것을 보면 너무나 멋있어요. 그들이 흘린 땀과 끝없는 노력에 때론 감동도 하구요.

그런데 잘 생각해 보면 박지성, 김연아 선수가 또래 청년들보다 큰 성공을 한 원리는 단순해요. 남들보다 자신이 좋아하고 인생을 걸만한 일을 빨리 찾았고, 자신이 선택한 일에 시간과 에너지를 쏟아 부었기 때문에 가능했던 거죠. 그들의 삶은 참 단순했을 거예요. 하루 일과 중 대부분을 훈련과 자기 계발에 사용했겠죠. 그런데 A가 놓치지 말아야 하는 것은 단순하게 시간을 사용한 덕분에 자신이 하고자 하는 일에 몰입할 수 있었던 거예요. 또한 자기 하고 싶은 일과는 상관없는 일, 쓸데없는 일을 하지 않았겠죠.

이것이 정말 중요한 원리에요. A가 하고자 하는 일에 몰입하고 집중하면 자연스레 불필요한 일들을 하지 않게 되죠. 불필요한 일에 휘말리지 않으니 정신적 스트레스나 불필요한 에너지 소비가 일어나지 않는다는 것이 핵심이에요.

삶을 단순화한다는 것은 하루에 한 가지만 하라는 의미가 절대 아닙니다. 자신이 정말 하고 싶은 것. 자신을 행복하게 해주는 일에 자신의 시간과 에너지를 집중하고, 그 외의 자신에게 불필요한 일들은 과감하게 삶에서 빼어버리는 것입니다.

다시 말해 박지성, 김연아 선수는 매일 매일 괜찮은 하루를 보낸 거죠.

A는 하루를 어떻게 보냈을 때 '오늘 참 괜찮고 알찬 하루였다'라고 생각을 하나요? 나는 괜찮은 하루를 이렇게 생각해요.

괜찮은 하루
- 내게 주어진 시간 중 상당 부분을 내 삶의 목표와 관련된 일에 사용한 하루
- 내게 주어진 시간 중 상당 부분을 핵심역량에 투자한 하루

각 기업마다 핵심역량과 주된 사업이 있듯이 A 인생에 있어서
도 핵심역량이 있을 것이라고 생각을 해요.

시간 관리 두 번째 공통원칙

시간 관리 공통원칙 두 번째 : 인생의 핵심역량 정하기

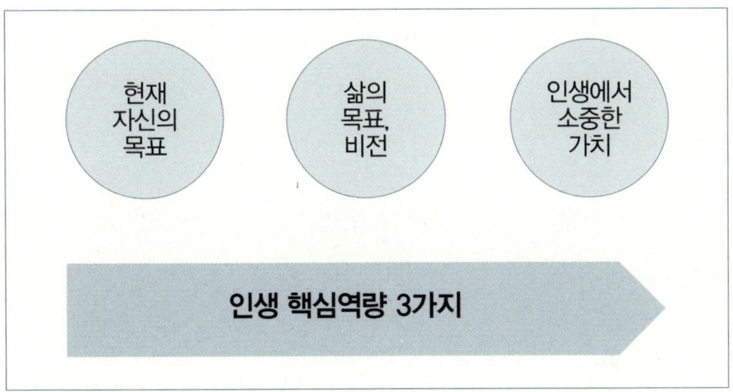

A의 직업적 능력, 특기 및 취미 생활, 소중한 가족들, 사랑스
런 친구들과 교제하기, 자신의 미래를 위해 꾸준히 준비하는 것
이 핵심역량이 된다고 생각을 해요. 하루하루 A만의 인생 핵심
역량에 집중하면 직업적 능력 향상과 정서적 안정을 균형 있게

관리할 수 있게 되죠. 시간 관리, 시간 창조의 핵심은 자신의 시간과 에너지를 인생의 핵심역량에 집중 투자하는 것입니다.

수면 시간	핵심 역량	재충전 여유 시간
· 건강 유지 · 기억력 향상 · 휴식, 재충전	· 현재 목표 · 자신의 삶의 목표 · 비전 · 자신의 꿈	· 휴식, 재충전 (TV 보기, 영화, 음악) · 미래를 위한 준비 (운동, 독서, 능력 계발) · 소중한 사람 챙기기 (가족, 친구들과 시간 보내기)

괜찮은 날의 구성요소

'괜찮은 날 = 내게 주어진 시간 중 상당부분을 인생의 핵심역량에 투자한 날' 이렇게 하루를 구성하고 실천한다면, A가 잠자리에 들 때 만족감을 느끼면서 잠자리에 들 수 있어요.

내 이야기를 좀 할게요. 나는 일주일을 정말 단순하게 보내요. '신앙생활, 직장생활, 독서·원고쓰기·블로그 운영, 운동, 소중한 사람들과 시간 보내기' 5가지 요소가 바로 나의 핵심역량이에요. 일주일을 5가지 요소로 채우려고 노력해요. 이것 이외의 활동은 별로 하지 않아요. 그래서 이런 저런 불필요한 모임이나 불편한 부탁은 거절하기도 수월해요. 단순하고 반복되는 매일이지만 이상하게 지루하거나 질리지가 않아요. 시간이 지날수록 할 수 있는 것들이 많아지고 누릴 수 있는 것들이 많아져요.

A만의 핵심역량 정한 후 그것을 집중해서 했으면 좋겠네요. 많은 것을 잘할 필요는 없어요. 한 가지도 제대로 하기가 어렵거든요. 박지성 선수는 굳이 농구나 야구 못해도 축구로 충분히 인정받잖아요.

나는 개인적으로 그 흔한 스타크래프트도 못해요. 하지만 그 게임 못한다고 인생 살아가는데 특별하게 불편하거나 어려운 점은 없어요. 드라마를 거의 보지 않아요. 그런데 드라마 내용 모른다고 인생 살아가는 데 특별하게 불편하거나 어려운 점은 없는 것 같아요.

하고 싶은 것, A를 행복하게 만들어주는 일 실컷 하면서 살아갔으면 좋겠어요.

4. 실천력 기르기

아무리 좋은 내용을 알고 있어도 A가 실천하지 않는다면 아무 소용이 없어요. 결국 시간 관리하는 것도 삶에 적용을 하고 실천해야만 성장하는 것을 경험할 수 있죠. 우리의 목적은 시간 관리를 삶의 습관으로 만들어내고 주도적으로 시간을 지배할 수 있는 힘을 기르는 거예요. 결국 성공적인 시간 관리도 반드시 실천력이 뒷받침되어야 하죠.

다시 말해 지속할 수 있는 구조를 만들어 성과가 나올 때까지 계속해야 해요. 그런데 무언가를 변화시켰는데도 시간 관리가 잘 되지 않는다고 걱정할 필요는 없어요. A의 삶에 시간 관리 기술을 적용하면서 겪는 시행착오가 반드시 필요하죠. 그렇게 되면 A

한테 익숙해지고 A만의 시간 관리 기술을 만들어 낼 수 있어요.

모든 것은 얼마나

· 다른 사람들의 방법을 배워서

· 그것을 자신에게 맞게 다듬고

· 지속하는 구조로 정착시켜서

· 성과가 나올 때까지 꾸준히 지속해나가는가에 달려있어요.

그렇다면 어떻게 해야만 꾸준히 지속해나갈 수 있는 실천력을 기를 수 있을까요?

구체적이고 실현 가능한 목표 세우기

1) 해야 할 일이 확실히 눈에 보이게 하기

일정을 처리해 나갈 때에는 가능한 작은 덩어리로 나누어서 조금씩 완성해 나가도록 하면 돼요. 아무리 큰일이나 업무라고 해도 반드시 하위요소들로 구성되어있음을 안다면 그렇게 겁부터 낼 이유가 없어요.

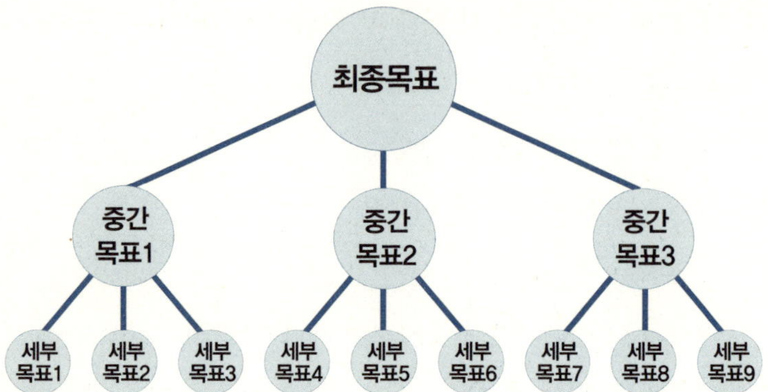

최종 완성된 그림만 보고 난 후에 덜컥 겁을 먹고, 내가 할 수 없을 것이라고 스스로에게 주문을 거는 경우가 많잖아요.

누구나 계속적으로 큰 그림만 보고 있으면 지치고 좌절할 수밖에 없을 거예요. 최종목표를 확인했으면 이젠 시선을 밑으로 향하여 그 최종목표를 구성하고 있는 하위 요소들을 보는 것이 중요해요. 아무리 큰 건물이라도 벽돌 하나하나가 차근차근 모아져서 완성되잖아요. 그렇게 한다면 처음에 느꼈던 당혹감이나 막막함이 많이 사라질 거예요. 나아가 '어? 할 만하겠는데' 하고 생각이 바뀐다면 무리 없이 계획한 일을 해 나갈 수 있어요.

결국 '최종목표 = 세부목표1 ~ 세부목표9'의 조합으로 구성되어 있는 거죠. 작은 목표를 하나씩 차근차근 끝내다 보면 어느덧 최종목표에 도착해 있을 거예요. 원리는 동일해요. A가 준비하고 있는 일들이나 원하고자 하는 목표가 있을 거예요. 최종목

표를 확인했다면, 그 다음엔 시선을 아래로 향하여 그 최종목표를 이루고 있는 하위목표를 확인하는 것이 중요해요. 계획을 세운다는 것은 A가 하고자 하는 일을 세밀하게 분류하는 거예요.

감정 다스리기

"감정을 다스리면 절반의 성공이 따른다."

무슨 일을 실천할 때 감정은 너무나 중요한 요소예요. 앞서 이야기 했지만 사람은 구체적이고 현실적이며, 눈에 확실히 보이는 목표를 가지게 되면 보다 더 쉽게 실천할 수 있어요. 그때 A를 사로잡는 생각과 감정이 '할 수 있겠다, 해볼 만하다, 해낼 수 있겠다' 등의 긍정의 감정일 거예요. 기분 좋게 하는 감정이 삶을 사로잡을수록 실천이 가능하게 되죠.

반대로 너무나 추상적이고 막연한 목표를 만나게 되면, 어떻게 해야 할지 무엇부터 어디서부터 시작을 해야 할지 몰라 우왕좌왕 하게 돼요. 그럴 때 A를 사로잡는 감정이 '아, 짜증나, 하기 싫어, 내가 이걸 어떻게 해, 도망가고 싶다, 피하고 싶다' 등의 부정적인 감정이죠. A를 짜증나게 하고 기분 나쁘게 하는 감정이 A를 사로잡으면 당연한 것처럼 그 일이 하기 싫어져요. 사람을 움직이게 하는 힘은 단순해요. A를 기분 좋게 하는 일은 계속하고 싶고 A를 우울하게 만드는 일은 하기 싫어져요.

> 여기에 너무나 중요한 원리가 숨어 있습니다.
> 여러분의 적성과 흥미에 맞는 일을 찾는 것이 가장 중요합니다. 다시 말해, 내가 정말 좋아하는 일, 나를 기분 좋게 만들어 주는 일을 찾는 것입니다.

자기관리가 철저하거나 성공한 사람들을 유심히 살펴보면, 자신이 좋아하고 자신을 기쁘게 하는 일을 직업으로 선택했다는 공통점이 있어요. 그런 사람들에게는 어느 순간부터는 일이 하기 싫은 것이 아니라 놀이가 되는 거죠. 하면 할수록 재밌고 할 만하니 그 분야의 전문가가 되고 성공하는 것은 당연한 일이겠죠. 하기도 싫은 일은 억지로 참아가며 하고 있으면서 좋은 결과를 바라는 것은 분명 잘못된 거죠.

습관

처음에는 내가 습관을 만들지만 그 다음에는 습관이 나를 만들어요. '습관은 제2의 천성' '인생은 습관이다' '성공은 좋은 습관들의 결과'라고 하잖아요.

A가 하고자 하는 일, 잘하고자 하는 일을 습관으로 만들어 버리는 거예요. 매일 먹는 점심처럼, 매일 하는 양치질처럼, 반드시 해야 하는 일을 A 삶에 녹아들게 하는 거예요. 영어를 잘하고 싶으면 영어공부를 습관으로 만들어 버리고, 책을 읽고 싶다면 독서를 습관처럼 만들어 버리고, 운동을 잘하고 싶다면 운동을 습관처럼 만들어 버리는 거죠.

습관이라면 부담 없이 매일 매일 할 수 있는 분량을 잡는 것이 중요해요. 점심을 먹는데 3시간을 사용하는 사람은 없으며 양치질을 하는 데 30분을 사용하는 사람은 없잖아요. 습관은 안하고 넘어가면 찝찝할 정도로 만드는 것이 핵심이에요.

A, 삶을 자세히 살펴봐요. 대부분은 습관으로 구성되어 있어요. 그 습관이라는 것도 분류를 해본다면, 삶에 도움이 되는 습관이 있는가 하면, 삶의 시간과 에너지를 낭비하게 만드는 습관이 있죠. A가 어떤 행위를 습관으로 만들어 내느냐에 따라서 삶의 질과 성공이 결정돼요.

하지만 이런 습관적 행위가 하루하루 차곡차곡 쌓인다면 어느 순간 인생의 발목을 잡게 되고 A를 넘어뜨리게 돼요. 또한 이런 좋지 못한 습관은 충동적이라는 공통점이 있어요.

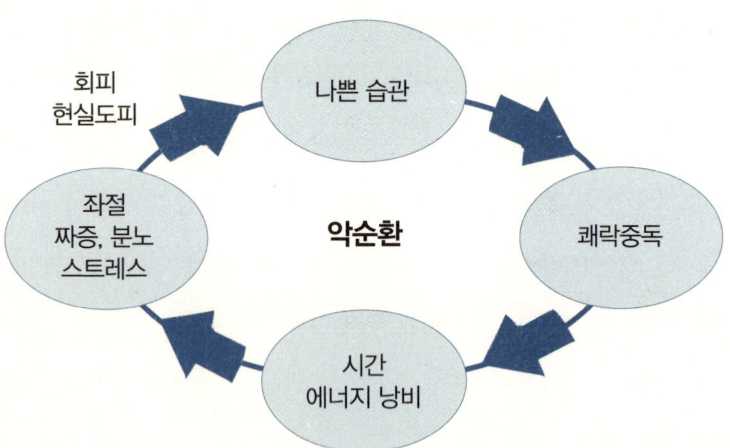

이와는 반대로 A에게 유익한 활동을 습관화한다면 어떨까요?

> 오늘 내가 책을 몇 장 읽었다고, 내일 당장 나의 지적 능력이 껑충 향상되는 것은 아닙니다. 오늘 내가 영어공부를 잠깐 했다고, 내일 당장 유창하게 영어를 말할 수 있는 것은 아닙니다. 하지만 이런 유익한 습관적 행위가 하루하루 차곡차곡 쌓이게 된다면, 어느 순간 내 능력이 향상되어 있는 것을 경험하게 될 것입니다.

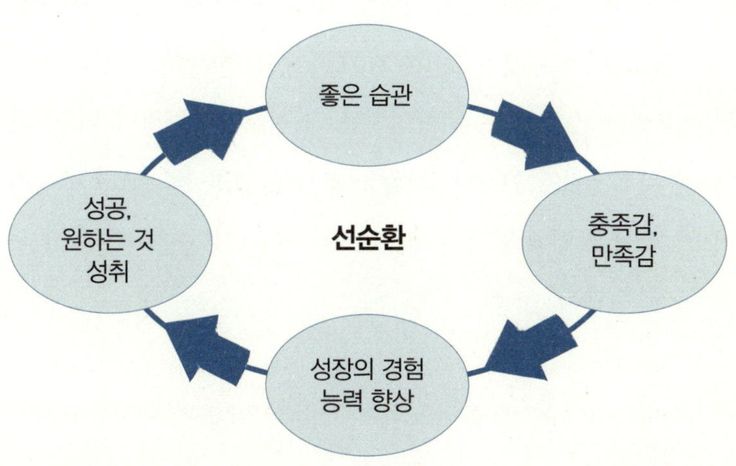

이처럼 유익한 활동의 습관은 인생의 선순환을 만들어내요. 그것이 지혜로운 거예요.

Keep Going

"이 세상에서 가장 빠른 길은 자신이 감당할 수 있는 분량을 기복 없이 꾸준히 해 나가는 것입니다."라고들 하죠. 초반에 무리한 실천 분량, 과욕은 A의 계획을 실패로 만드는 가장 큰 원인 중의 하나예요. 하면 할수록 버겁게 느껴지고 힘들고 고통스럽다는 생각이 A를 사로잡게 되죠. 그러면 계획했던 것들이 작심삼일로 끝나는 경우가 허다하죠.

앞에서도 언급했지만 실천력을 지속하기 위해선 스스로 좋은 감정을 유지하는 것이 무엇보다 중요해요. 하루에 비록 20~30분이라는 시간은 적은 분량이지만 그 하루가 1주일이 되고, 한 달이 되고 1년이 된다면 그 쌓인 분량은 엄청나죠. A가 뭐든지 간에 20분씩 매일 한다고 생각을 해봐요. 1년만 해도 엄청난 분량을 한 거예요.

[{{((20분1일×7일=140분)×한 달=560분}×12개월=6,720분]×80년

=537,600분

이렇게 수치화해서 생각해 보니 훨씬 더 이해가 잘되죠. 이런 식으로 A가 지속적으로 하고자 하는 일을 시간적으로 수량화하

면 도움이 많이 돼요. A가 얼마나 노력했는지도 쉽게 파악이 되죠. 더 명확하게 A의 실패원인을 파악할 수 있어요. '내가 생각한 것만큼 시간을 많이 투자 안했구나.' 이렇게 생각이 들면 A가 계획을 수정해 나갈 때 많은 도움이 돼요.

예들 들어 매일 한 시간씩 운동을 하기로 마음을 먹었다고 하죠. 그런데 3일 정도 하다가 실패했다면, 아직은 A가 하루에 1시간씩 운동을 감당할 수 있는 힘이 없는 거예요. 그러면 줄여야죠. 매일 30분씩 운동하기. 이렇게 하면 지치지 않고 꾸준히 해나갈 수 있죠. 많이 활용해봐요. 시간의 수량화. 도움 많이 될 거예요.

· 세 번째 이야기 ·

지금까지 해준 이야기가 A에게 도움이 됐나 모르겠어요. 나이 많은 선배가 하는 빤한 잔소리가 아닌 A가 공감할 수 있는 이야기 하려고 노력했는데…. 진심이 전해졌으면 좋겠네요.

A한테 해주고 싶은 이야기는 얼추 다 한 줄 알았는데, 곰곰이 생각해 보니까 가장 중요한 이야기를 빠뜨린 것 같아요. 그래서 이렇게 부랴부랴 몇 자 더 적어요.

우리 '행복' 이야기 좀 해볼까요?
A도 '행복'이란 단어 너무나 많이 들어서 지겹죠? 아마 이

런 생각할 거예요.

"또 행복하게 살아라? 당연히 행복하게 살아야지. 그런데 행복이라는 건 처음부터 좋은 부모 만나서 풍요롭게 사는 애들이 누리는 거 아닌가? 결국엔 돈 많고 빽 좋은 사람들이 누리는 거 아니냐고?' '공주는 왕자님과 행복하게 살았답니다' 같이 동화에 나오는 이런 진부한 이야기면 그만합시다."

우리 청년들에게 지겹지만 정작 가장 낯선 단어가 '행복'일 거예요. 청년들은 막상 행복에 대해서 배워본 적이 없어요. 아니 '행복'이란 단어를 들어만 봤지 행복에 대한 구체적인 그림이 없어요.

올 한해 가장 유행처럼 사용했던 문장이 "아프니까 청춘이다."일 거예요.

반대로 생각을 한 번 해볼까요. 청춘은 반드시 아파야만 할까요? 청춘일 때 행복하면 잘못 살고 있는 걸까요?

A 또래 후배들과 이런 저런 이야기를 나누면서 내가 정말 놀랐던 적이 있어요.

"쌤, 뭘 해야 할지 몰라서 시간을 버릴 때가 너무나 많아요. 시간이랑 에너지는 분명이 넘치고 많은데 뭘 해야 할지 모르겠어요. 그 점이 제일 답답해요. 아무것도 안하고 있는 내 모습에 실망하고 좌절한 적이 너무나 많아요." 많은 친구들이 이런 이야기를 하더군요. 이런 걸 보면, 무작정 "아프니까 청춘이다."가 아니라 "뭘 해야 될지 모르니까 청춘이다."가 정확한 것 같아요.

그리고 우리 사회 청춘들은 정말 모두 아플까요?

아니에요. A 또래 친구들 중에서 자신의 삶에 만족하고 행복하게 사는 친구들도 상당히 많아요. 그 친구들을 보면 '행복 찾기 속성 학원'을 다녀서 그렇게 빠른 나이에 자족하고 행복해 하는 법을 배웠나하고 신기하기도 해요. 행복한 친구들은 도대체 어떻게 살고 있기에 행복할까요?

우리는 어릴 때부터 알게 모르게 조건부 행복이 머리에 박히도록 배워왔어요. "우리 딸, 이번에 반에서 몇 등 안에 들면 우리 딸 갖고 싶은 거 사줄게." "옆집 철수는 이번에 좋은 곳 취업 했다더라. 철수는 얼마나 좋겠니?" "결혼할 때 배우자 연봉 4,000만 원 이상 되어야 하지 않나요?" 등등 인생의 중요한 결정을 할 때 혹은 준비할 때 대부분 조건이 붙는 것 같아요. 정말 안타까운 현실이죠.

'내가 이번 성적이 오르면 행복할 것 같은데, 가고 싶은 대학에 합격하면 행복할 텐데, 좋은 직장에 취업하면 행복할 것 같은데, 조건 좋은 사람과 결혼하면 참 행복할 것 같은데….'

행복에 조건을 붙이기 시작하면 그것은 '가짜 행복'이에요. 다시 말해 행복한 척 하는 거죠. 더 마음 아픈 것은 조건이 충족되면 행복해질 것이라고 생각하고 자꾸만 '진짜 행복'을 뒤로 밀어요. 그렇게 생각하니까 '오늘'은 항상 불만족스럽고 고통스럽게 느끼죠. 어금니 물고 참아야 하는 날이구요. 행복할 내일을 위해서 말이죠.

A를 비롯한 대부분의 사람들이 행복을 잘못 정의하고 있는 것 같아요. 많은 사람들이 행복을 약속하는 수단을 얻기 위해 노력하고 그 수단을 가져다 줄 또 다른 수단을 확보하기 위해서 애쓰는 것 같아요.

행복에 필요한 돈을 얻기 위해서 일자리를 구하고 일자리를 얻기 위해 자격증을 따고 자격증을 얻기 위해 학교를 다니죠. 하지만 그렇게 해서 얻은 돈은 그 자체가 행복이 되지 못하고 행복을 줄 것으로 기대되는 다른 수단을 사들여야 하죠. 이렇듯 우리는 수단을 확보하느라 삶의 대부분을 보내요. 그리고 수단에서 얻은 행복한 느낌은 늘 우리가 생각하는 것보다 빨리 사라져요.

A도 아마 그런 경험 있었을 거예요. 어렸을 때 정말 갖고 싶던 것이 있었는데 부모님을 조르고 졸라서 결국은 샀어요. 몇날 며칠은 좋아서 어쩔 줄 몰랐을 거예요. 그런데 그렇게 기쁘고 행복한 감정이 오래 가던가요? 그 감정 한 달 갔으면 오래 간 거예요. 조건 행복은 바라던 조건에 익숙해지고 당연시 여겨지게 되면 또 다른 조건을 찾게 돼요. 그러니까 조건이 충족되기 전까지는 항상 불행이고 불만족이죠.

그리고 하나 더, A도 그렇고 나도 그렇고 우리 세대는 배고픔을 모르고 자란 세대예요. 나도 80년대 초반에 태어났으니 우리나라 '보릿고개 시절'을 어른들께 이야기로만 들어봤지 직접 겪어보지는 못했어요. 우리나라가 예전보다 훨씬 풍족해지고 잘 살게 되었는데 우리나라 행복지수는 갈수록 떨어지고 불행하다고 느끼는 사람은 더 많아진다고 하더라구요. 나라는 쑥쑥 발전하는데 정작 그 안에 있는 국민들은 점점 살기 힘들어진다고 하니 이것도 참 아이러니예요.

나는 이렇게 생각해요. 20대 행복의 특성이 있고, 30대 행복의 특성이 있다고.

다시 말해 각 연령대에 맞는 행복의 특성이 있을 거예요. 그런데 어설프게 A하고 다른 연령대의 행복을 부러워하게 되면 그때부터 머리 복잡해지는 거지요. 어설프게 3, 40대의 물질적으로 풍요로운 조건들을 흉내 내려고 하니 완전 멘붕인 거죠. 가랑이는 진즉에 찢어졌구요.

결론부터 말할게요. 20대의 행복은 A가 하루하루 능력적으로 성장하는 것을 느끼고 A의 목표와 꿈에 점점 가까이 가고 있다는 것을 느낄 때 비로소 행복감을 느낄 수 있어요.

'20대의 행복의 특성이란 A가 성장하고 있음을 스스로 느끼는 거죠.'

A가 불행하다고 느끼는 것도 어찌 보면 A가 정체되어 있다는 것에 대한 불안함 때문일 거예요.

본격적인 이야기를 하기에 앞서 잠깐 이야기했던 동화 속 공주님 왕자님 이야기 조금만 더 할게요.

동화의 마지막 부분을 보면 대부분 그렇잖아요. '공주님은 왕자님과 행복하게 살았답니다~' 하고 끝내잖아요. 그 다음 이야기는 대부분 안 해주더라구요. 어떻게 됐을까요? 정말 천 년 만 년 행복했을까요?

난 절대 아니라고 생각해요. 우선은 길게 살아봤자 백년일 것이고 왕이 되고 왕비가 되면 스트레스 받을 일이 좀 많겠어요? 하루 종일 결재만 하다가 손에서 쥐나고, 오늘 이 문제 해결했다 싶으면 또 다른 문제 터지고, 각종 업무 스트레스에 따른 성인병, 신경성 질환 등은 삶의 보너스로 받았을 거예요.

그렇게 결혼하길 바라던 공주랑은 마냥 좋았을까요? 살아보니 결혼은 현실인 거죠. 부부 싸움도 살벌하게 많이 했을 거고, 자식 낳았더니 그 많은 재산 서로 갖겠다고 지들끼리 대판 싸우고, 왕자 이놈은 허구한 날 후궁이나 건들고, 왕비가 될 며느리 공주는 속앓이 하고…. 이 사람들 정말 행복할까요? 어찌 보면 동화책은 현실적인 진짜 이야기는 감추고 싶어서 뒷 이야기는 안 했을지도 몰라요.

예화가 약간 억지스럽지만 이것저것 다 가지고 누리는 사람들 역시 우리가 상상도 못하는 문제 때문에 불행하다고 느끼는 것이 사실이에요. 그렇게 잘 나가는 사람들이 매스컴을 통해 자살했다는 이야기가 심심치 않게 들려오는 걸 보면 여러 가지 현실적 조건이 만족되었다고 진짜 행복한 것은 아닌 것 같아요.

상상 속 동화 이야기는 이쯤 해두고, 지금부터 20대의 공부와 행복의 특성에 대해서 이야기해보죠.

나는 정말 공부랑 인연이 없는 걸까??

얼마 전 양현석, 박진영, 보아가 심사위원으로 나오는 〈K-POP 스타〉라는 프로그램을 즐겨봤어요. 프로그램에 참여한 친구들이 꿈을 위해서 도전하고, 꿈을 이루기 위해 노력하는 모습에 큰 감동을 받았죠. 감동해서 눈물을 흘리면서 봤던 기억이 있네요.

그런데 가장 관심 있게 본 것은 아마추어 친구들이, 3개의 기획사에서 짧은 시간 동안 전문 트레이닝을 받고 나온 후였어요. 전과는 비교도 안 되게 훌쩍 성장한 모습이었죠. 혼자 주먹구구식으로 노력하는 것보다 짧은 시간 동안 전문적이고 체계적인 방법을 가지고, 집중적으로 훈련하는 것이 훨씬 효과적이라는 생각을 많이 했어요. 이런 것을 보면 성장하기 위해서는 올바른 방법을 알고 있는지 여부가 너무나 중요해요.

공부에도 이 원리가 동일하게 적용돼요. 많은 학생들이 공부에 대한 방법을 몰라서 공부라는 행위 자체를 포기하는 경우가 참 많아요. 자신에게 맞는 최선의 공부 '방법'을 찾은 학생은 공부라는 행위가 그렇게 힘들지가 않아요. 그러다보니 공부양이 쌓이고 쌓여서 자신이 성장하고 원하는 결과를 만들어 내죠. 이런 식으로 선순환이 일어나요. 이렇게 선순환을 경험할 때 건강한 행복감을 느낄 수가 있어요. 컴퓨터 게임이나 디지털 장난감이 감히 흉내 낼 수 없는 성취감과 만족감. A는 대학생활하면서 이 행복감을 경험해야 돼요. 꼭이요!

반대로 자신에게 맞는 공부 방법을 찾지 못한 학생들은 공부와는 점점 멀어지게 돼요. 결국엔 공부와 자신은 별 상관이 없다고 생각을 하고 지레 포기하는 경우가 많아요.

A도 잘 생각해봐요. 공부를 할 때 공부가 정말 지긋지긋한 것인지 아님 A가 공부 방법을 놓치고 있어서 제대로 못하는 건지 말이에요. 공부를 열심히 하는 것도 물론 중요해요. 하지만 공부를 효율적이고 효과적으로 할 수 있는 방법에 대해서 공부하는 것이 훨씬 더 중요해요.

개인적으로 문화심리학 박사 김정운 교수님을 좋아해요. 그분이 방송에 나와서 이런 이야기를 하시더군요. "노는 만큼 성공한다." 멋있죠?

여기서 말하는 '논다'라는 개념은 술 먹고, 실컷 게임하고, 실컷 연애하면서 말초신경 자극하라는 이야기가 아니에요. 관심 분야를 배우면서, 몰랐던 것을 알아가고 깨달아가는 과정. 그것이 제대로 '논다'의 의미예요.

이런 이야기 들으니 짜증나죠? 어쩔 수 없어요. 사실이에요. 받아들여요.

A도 그런 경험 있을 거예요. 뭐 하나에 꽂혀서 집중하고 몰입할 때 오는 성취감과 희열감. A라고 못하라는 법 있나요? 우리도 한 번 제대로 '놀아' 봅시다.

이렇게 이야기를 풀어 나갈게요.

1) 학습의 실패원인

2) 구체적인 공부 방법

3) 독서의 중요성

4) 20대의 행복의 구성요소

1. 공부
실패원인

무슨 일이든 원하지 않는 결과가 나왔다면 원인을 파악하는 것이 가장 중요해요. 그것이 피드백이라고 하잖아요. 학습에 대한 피드백을 먼저 하고 넘어가죠. 왜 학습에 실패하는지 원인이 무엇인지에 대해서 알아보는 것이 필요해요.

공부 실패원인들의 공통점은 '공부 = 고통스러운 일'이라고 인지하도록 만든다는 거예요. 재미있어야 할 공부가 고통스러운 일이 되니 공부만 생각하면 짜증이 나게 되죠. 왜 그토록 공부가 싫을까요?

비효율적인 공부 방법

분명히 나도 다른 친구들처럼 잠을 줄이고, 많은 시간과 에너지를 투자해서 학습을 하고, 공부를 했는데도 원하는 성적이나 결과가 생기지 않았다면, 내가 하고 있는 공부 방법에 대해서 의심을 해야 해요. 내가 하는 방법이 비효율적, 비효과적일 경우가 많죠. 냉정하게 말하면 그런 노력과 방법은 헛수고일 때가 많아요.

나는 열심을 2가지로 분류해요. 지혜로운 열심과 멍청한 열심으로 나눠요. 여러 차례 도전을 해보고 막대한 시간과 에너지를 투자했는데도 결과가 형편없다면 방법이 틀렸을 확률이 높아요.

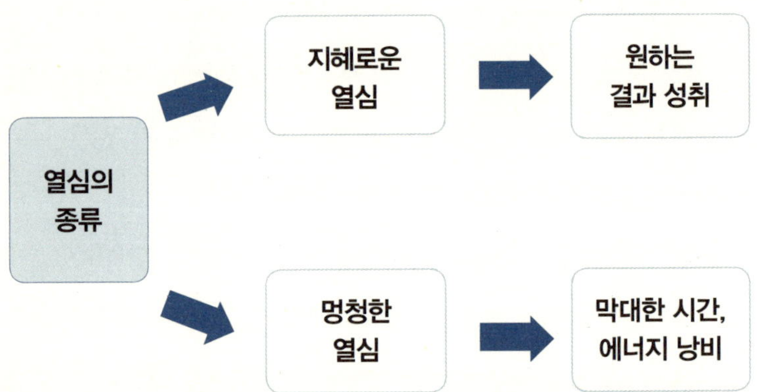

A가 학습에 쏟아 붓고 있는 시간과 에너지가 정말 효율적, 효과적으로 사용되고 있는 걸까요? 아님 밑 빠진 독에 물을 붓는 것처럼 열심히 하는 척만 하고 있는 것은 아닌가요.

초반의 완벽주의

위의 예화는 다름 아닌 나의 이야기에요.

나에게 공부라는 행위는 너무나 고통스러웠어요. 고통을 참아가며 꾸역꾸역 해나가는 것이 당연하다고 생각했죠. 다른 사람들도 모두 나처럼 하는 줄로만 알았죠. 초반부터 무리해서 세세하게 암기하려고 했어요. 모든 것을 이해하고 소화하려고 덤벼드니 지칠 수밖에 없죠. 그런 과정이 반복되니 당연한 것처럼 내 머릿속에는 '공부 = 고통스러운 일'이라는 생각이 자리 잡았죠.

'아 고통스러운 일을 또 해야 하는 구나. 그만하고 싶다.' 이런 생각이 계속 들었죠. 사람은 생각보다 단순해요. 나를 행복하게 해주고 기분 좋게 해주는 일, 해볼 만한 일은 계속하고 싶어져요. 하지만 나를 고통스럽게 만들고 힘들게 느껴지는 일은 어떻게 해서든지 피하고 싶고 하기 싫잖아요.

실질적 공부 시간

시험날짜가 코앞으로 다가와 큰 결심을 하고 아침 일찍 도서관으로 향했습니다.

도서관 도착시간 오전 9시!

그래서 결심하기를 오전 9시~오후 9시까지 12시간 동안 도서관에 있으리라 하고 큰 결심을 합니다. 그렇게 자리에 앉아 10~15분 동안 공부를 하다가 디지털기기를 꺼내서 검색하고 문자를 주고받고, 친구랑 밖에 나가서 커피 한 잔을 하고 다시 자리로 돌아옵니다. 그러고 나서 잠시 공부를 하다 보니 점심 때가 다 되어 점심 먹으러 밖으로 나갔다가 오는 길에 게임 방 들려서 게임 좀 하고, 도서관 돌아와서 한숨자고…

부끄럽지만 위의 이야기는 대학 다닐 때 제 이야기입니다.

A도 공부할 때 이렇게 하고 있지는 않나요? 저녁 9시가 되어서 도서관 밖을 나서면 하루 종일 공부를 했다고 크게 착각을 하고 살았어요. 심지어는 피곤한 척을 하며 어깨를 돌리기도 하구요. 그런데 냉정하게 따져보면 12시간 동안 집중해서 효율적으로 공부한 시간은 얼마나 될까요? 정말 알차게 효과적으로 공부한 실질적 공부시간을 따져 보면 2~3시간 정도밖에는 안될 거예요.

물론 공부 중간 중간 식사시간, 휴식시간이 반드시 필요하죠. 그런데 그런 부차적인 시간이 공부시간보다 많아진다면 문제가 되는 거죠. 더 냉정하게 말하면 도서관이라는 건물에 12시간 있었던 것이고 공부하기 위한 기본 환경만 구성한 것일 뿐 실질적으로 공부한 것은 얼마 되지 않아요.

도서관에 오래 혹은 장시간 앉아 있으면 공부를 많이 했다고 착각을 하잖아요. 공부를 할 때 공부 이외의 활동에 더 많은 시간과 에너지를 소모해버려서 정작 진짜 공부는 소홀히 하고 있는 것은 아닌지 점검해봐야 해요.

벼락치기

벼락치기! 학생들이 가장 많이 범하는 실수 중에 하나에요.

'벼락치기 = 대표적인 잘못된 공부습관' A도 시험 때 벼락치기 한 경험 많죠? 나도 수 없이 많아요. 그러면 하나 물을게요. 시험 공부할 때 벼락치기해서 급하게 외웠던 내용들 얼마나 기억하고 있어요? 하나 더 벼락치기할 때 힘들지 않았어요?

벼락치기의 가장 큰 문제는 평소에 공부습관을 만들어 낼 수 없다는 것에 있습니다. 시험이 멀게만 느껴질 땐 공부 습관을 만들어내지 못하고, 정말 '발등에 불이 떨어지면' 그때서야 고통을 참아가며 외웠던 것 같습니다. 이와 같이 벼락치기의 가장 큰 문제점은 '공부 = 고통스러운 일'이라는 인식을 만들어 내는 것입니다. 또한 공부습관을 만들어 내지 못하는 것에 있습니다.

많은 학생들을 보고 있으면 안타까울 때가 많아요. 평소엔 공부를 전혀 안하다가 시험기간이 되면 '공부'라는 것을 시작을 해요. 그런데 그때 시작하는 '공부'라는 것을 유심히 살펴보면 학습 내용을 이해하는 과정 없이 무작정 외우는 경우가 허다하죠. 이렇게 몇날 며칠을 '공부'에 매달리면 나에게 있어서 '공부 = 고통스러운 일'이 되어버려요. 이런 식으로 공부를 해나가면 시험이 끝난 후 그 고통스러운 일공부은 한동안 하기도 싫어져요.

수면의 중요성

공부 이야기를 하다가 수면 이야기를 해서 이상하죠. 하지만 공부와 수면은 너무도 많은 상관관계를 가지고 있어요. 공부할 때 효율적인 방법은 일정한 양을 꾸준히 하는 거예요. 개인적으로 가장 싫어하는 두 가지 문장을 뽑는다면 "사당오락4시간 자면 붙고, 5시간 자면 떨어진다" "지금 자면 꿈을 꾸지만 공부를 하면 꿈을 이룬다." 예요. 그럴싸한 얘기 같죠? 심지어는 멋있기까지 해요.

하지만 조금만 다른 각도에서 생각해보죠. 이것처럼 짜증나는 말이 없어요. 얼마나 무식하게 공부하라고 강요하는 거예요? 눈

뜨고 있을 때 공부할 생각은 안 하고 잠을 줄여가면서 공부를 하려고 강요하고 있잖아요. 공부는 행복한 삶을 실현시키기 위한 거예요. 건강과 수면이라는 행복을 포기해 가면서까지 공부를 한다면 올바른 방법이 절대 아니죠. 그렇게 무리해서 공부하다가 건강을 잃었다고 해보죠. 그래서 2~3일 꼼짝달싹 못하고 누워있게 된다면 아무 소용이 없는 거예요.

그렇다면 잠은 왜 충분히 자야 할까요? 결론부터 말하면 수면을 통해 학습 내용은 기억으로 정착 돼요. 그렇기 때문에 적당량의 수면 시간은 반드시 필요해요.

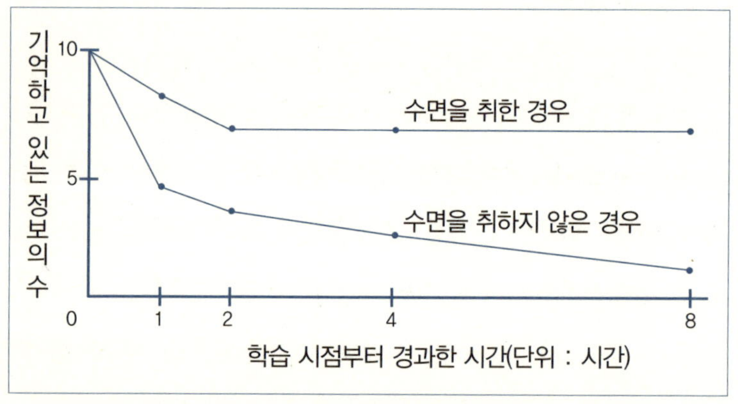

위의 그림을 보면 수면을 취한 경우에는 학습 시점에서 네 시간이 경과해도 50% 이상을 기억하지만, 수면을 취하지 않은 경

우에는 70% 이상의 정보를 잃어버려요.

　물론 기억하는 정보의 내용에 따라 편차가 심하지 않을 수는 있어요. 하지만 이 실험결과를 통해서 기억을 정착시키기 위해서는 학습한 뒤에 계속 깨어 있는 것보다 잠자는 편이 훨씬 유리하다는 것을 알 수 있죠.

　또한 밤샘 공부가 얼마나 어리석은지 알 수 있어요. A가 숱하게 치루는 시험이라는 것이 결국엔 문제해결에 필요한 기본 지식이나 개념 등을 얼마나 기억하고 있는지에 기초를 두고 있잖아요. 그 내용들을 바탕으로 문제를 해결해 나가는 것임을 감안한다면 시험을 잘 보기 위해선 반드시 충분한 수면이 필요한거죠.

　또한 6~7시간의 수면을 취하는 사람은 그렇지 않은 사람에 비해 훨씬 질병의 발병률이 낮다는 통계가 있어요. 낮 동안 열심히 활동한 몸의 모든 세포가 휴식을 취하고 회복되는 시간이 바로 수면 시간이죠. 또한 몸의 각 신체기관들 세포 하나하나가 휴식을 취하는 시간이에요. 그렇게 함으로써 면역력을 키워 건강을 지속적으로 유지할 수 있게 해주죠.

　A가 스트레스를 많이 받거나 수면이 부족하여 몸의 각 신체기관들과 세포들이 충분한 휴식을 취하지 못하면 면역력이 떨어져서 결국 병이 발생하게 돼요. 수면의 중요성은 이 두 가지 이유기억력 정착, 건강유지만을 생각하더라도 반드시 충분한 수면 시간을 취

하는 것이 장, 단기적으로 훨씬 더 시간을 버는 거예요. 그러므로 수면시간을 갑자기 줄여가며 공부나 일을 추진하는 것은 건강을 상하게 하는 지름길이에요.

예를 들어 3~4일 잠을 줄여가며 공부 또는 업무를 진행하다가 스트레스와 과로가 겹쳐 쓰러졌다고 해보죠. 그래서 2~3일 꼼짝달싹 못하고 누워 있다고 하면 결론적으로 시간을 버린 거예요. 이토록 건강한 수면은 아무리 강조해도 지나치지 않아요. '잠을 줄이면서 공부를 하겠다' '업무를 추진하겠다'라고 생각하는 것은 위험한 생각이에요.

수면과 두뇌 이야기를 조금 더 해볼게요. 수면을 취한다는 것은 외부의 자극을 거의 차단한다는 뜻이에요. 학습한 기억을 방해할 만한 정보의 입력을 완전히 차단하기 때문에 기억한 정보가 그래도 보존되는 거죠. 조금 더 구체적으로 이야기를 해보면, 아침에 눈떠서 밤에 잠자리 들기 전까지 신체 여러 감각 기관을 통해 수집된 무수히 많은 자극과 정보들을 정리하고 기억으로 정착시키는 시간이에요.

그렇다면 수면 상태에 빠진 뇌의 활동은 어떠할까요? 많이 들어 봤을 거예요. 인간의 수면에는 주기가 있어요. 논 렘 수면과 렘 수면이라고 불리는 것으로 대개 90분마다 교대로 반복돼요.

최근에는 렘수면 일 때의 뇌 활동이 인간의 기억과 깊은 관련이 있다는 사실이 밝혀졌어요. 학습한 정보가 제대로 장기기억으로 이동하려면 수면을 포함하여 일정 기간 정상적인 뇌 활동이 필요하며, 이 기간에 뭔가의 방해를 받으면 정보는 장기기억으로 정착하기 어려워지는 거죠.

적당한 수면 시간

그렇다면 수면 시간은 어느 정도가 적당할까요?

8시간이 가장 이상적인 수면 시간이라고 하지만 사실 8시간 수면이 좋다는 뚜렷한 근거가 없어요. 최근 들어 밝혀진 수면의

메커니즘에 따르면 잠은 6시간 30분만 자도 충분해요.

앞서 설명했지만 인간의 수면에는 깊은 잠인 논 렘 수면non rapid eye movement sleep과 얕은 잠인 렘 수면rapid eye movement Sleep의 두 종류가 있어요. 그리고 이것이 한 세트가 되어 90분 주기로 반복되죠. 깨어있는 동안 풀가동했던 뇌를 쉬게 하기 위해서는 이 90분 주기의 수면을 네 세트90분×4≒360분(약 6시간) 취하면 건강한 수면을 취할 수 있어요.

수면에서 가장 중요한 것은 눈을 뜨는 타이밍으로 한 세트가 끝난 다음에 눈을 뜨면 머리가 맑아져요. 잠들기까지의 시간이 30분, 그리고 90분 주기의 수면을 네 세트 취하면 수면 시간은 전부 합해 390분 정도 되요. 다시 말해 잠자리에 들 때 6시간 30분 후에 알람이 울리도록 하면 상쾌하게 눈을 뜰 수 있는 거죠.

학습 중에 필요한 수면에 관한 Tip을 살짝 드리면 공부를 끝내자마자 바로 이불 속에 들어가도 뇌는 여전히 흥분한 상태여서 쉽게 잠들지 못해요. 그럴 때에는 미지근한 물에 몸을 담그거나 아로마 향이나 조용한 음악으로 긴장을 풀면 좋아요.

상쾌한 하루를 보내기 위해서는 잠에서 깨는 방식도 중요해요. 매일 같은 시간에 일어나서 아침 해를 보는 것이 좋아요. 이렇게 하면 대뇌가 하루가 시작되었다는 것을 깨닫고 바로 활동을 시작해요.

A는 어떻게 수면을 취하는지 궁금하네요. 시간 많다고 허리
아플 때까지 자는 건 아니죠? 과유불급. 뭐든지 지나치면 문제
가 발생해요. 적당히 자요. 대학생활 반을 수면으로 버리지말고.

3. 공부
어떻게 할까?

· 재미있는 일 찾기
· 잘하고 싶고, 좋아하는 일 찾기

공부는 저절로 됩니다.

본격적인 공부 이야기를 하기 전에 더욱 중요한 것이 있어요.

A가 재미있어 하고 좋아하는 분야를 찾는 것이 가장 중요해요.

그런 분야를 찾는다면 공부는 저절로 돼요. 내가 지금 권하고 있

는 내용들도 A가 재미있는 분야를 찾지 못했다면 잔소리로만 들
릴 거예요. 무책임한 소리 같지만 재미있는 분야를 찾는 것은 바
로 A의 몫이에요. 어느 누구도 도와줄 수가 없다는 것은 잘 알거
에요. A 자신을 가장 잘 아는 사람은 바로 'A'에요. 반드시 이 과
정을 통과해야만 행복한 삶, 창의적인 삶을 살 수 있어요.

축구선수가 열심히 프리킥 연습을 해서 자신이 원하는 방향
대로 킥을 할 수 있다면 프리킥 공부를 한 거예요. 주방장이 원
하는 국물 맛을 내기 위해서 여러 가지 식재료의 조합을 100번,
1,000번 했다면 주방장은 요리 공부를 한 거죠. 미용사가 열심
히 커트 연습을 하면 커트 공부를 한 거구요.

위의 내용을 토대로 나는 공부를 이렇게 정의해요. 자신이 잘
하고 싶은 분야의 능력을 향상시키는 일련의 행동을 공부라고
할 수 있습니다. 다시 말해 자신의 꿈을 이루기 위해서 노력 하
는 모든 과정이 공부인 거죠. A는 지금 대학생이니까 책으로 하
는 공부에 대해서 알아볼게요.

공부의 정의

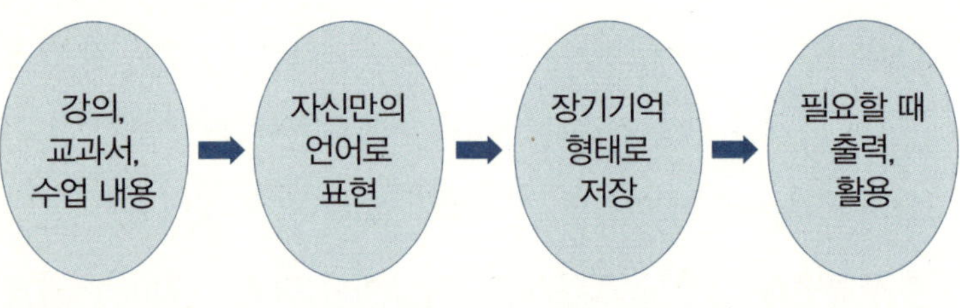

많은 학생들이 공부에 대해서 착각을 하는 것이 있어요. 강의나 수업을 듣거나, 혹은 동영상 강의를 들으면 공부를 했다고 착각을 해요. 그리고 나선 '공부를 했다'고 만족을 해요. 수업을 듣고 난 후 나만의 언어로 정리하여 나만의 것으로 만들어 내지 않으면 절대 공부를 한 게 아니에요. 그저 수업을 '들은 것'뿐이에요.

공부 과정에서 가장 중요한 것이 학습내용의 핵심을 자신만의 언어로 표현하는 거예요. 그렇다면 자신만의 언어로 표현하는 가장 좋은 방법은 무엇일까요? 바로 마인드 맵입니다.

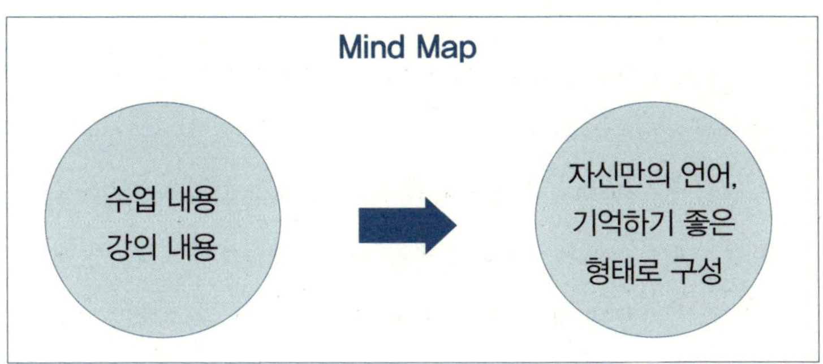

Mind Map

평소에 공부함에 있어서 Mind-Map이 유용하고 효과적이라는 이야기를 많이 들었을 거예요. 그런데 정작 "마인드 맵은 이렇게 구성하는 것입니다."라는 구체적인 방법에 대해서는 배워볼 기회가 적었죠. 자세하게 설명 해주고 싶지만 내가 하는 것보다는 마인드 맵 창시자인 토니 부잔의 『마인드 맵 북』이라는 책을 읽어 보는 게 훨씬 더 도움이 될 거에요. A, 꼭 읽어봐요. 정말 많은 도움될 거예요.

그럼 내 경험에 비추어 마인드 맵의 유용한 점에 대해서 간략하게 설명하고 넘어갈게요.

"새로운 자료를 통합하고 방사사고로 조직화하는 방법을 사용하면 학습은 더욱 쉬워진다."

마인드 맵이란? 마인드 맵은 방사사고를 표현한 것이다. 그러므로 인간 마음의 자연적 기능이다. 또한 그것은 잠겨있는 두뇌의 잠재력으로 들어갈 수 있는 만능열쇠를 제공하는 강력한 그래픽 기술이다. 마인드 맵은 실생활의 모든 면에 적용할 수 있고, 학습을 향상시키고, 사고를 명료하게 하여 인간활동의 질을 높여 줄 것이다.

─ 토니 부잔의 『마인드맵 북』 중에서

그렇다면 마인드 맵이 어떻게 생겼는지 볼까요?

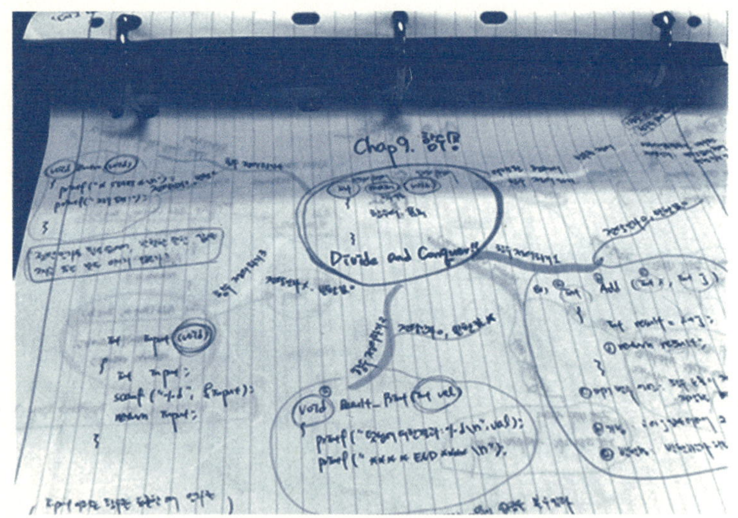

공부를 하기 보다는 그림을 그리는 것 같죠? 마인드 맵을 이용하여 공부를 하면 훨씬 수월해지고 재미있어져요. 그런데 한국 교육, 한국 학생들에게 마인드 맵은 어색하고 낯설기만 하죠. 활용만 잘하면 자신의 학습능력에 날개를 달아줄 수 있는 유용한 학습 도구임에도 불구하고 제대로 활용하는 학생들이 적다는 것이 안타까워요.

마인드 맵의 가장 큰 장점은 '공부 = 고통스러운 일'이라는 인식을 하지 않도록 한다는 거예요. 공부하는 과정이 지루하지 않아요. 다양한 기호와 색깔들을 활용하여 핵심내용을 정리해 나가기 때문에 재미있죠.

학습한 내용을 복습할 때도 마인드 맵은 큰 힘을 발휘해요. 몇 페이지 분량의 내용을 핵심 키워드를 중심으로 한 쪽에 정리할 수 있어요. 그래서 보다 정확하고 빠르게 학습내용을 파악할 수 있고 복습, 점검할 수 있어요.

또한 정확하게 알고 있는 내용은 마인드 맵으로 그릴 수 있지만 잘 기억이 나지 않거나 모르는 부분은 그려 낼 수가 없어요. 그렇게 되면 정확하게 알고 있는 내용과 모르는 내용을 구분할 수가 있어요. 그렇게 되면 불필요한 부분은 공부하지 않고 모르는 부분을 집중적으로 공부할 수 있어요.

마인드 맵을 적극 활용하면 시간을 절약하며 효율적, 효과적

으로 공부할 수 있어요. 그것이 마인드 맵이 주는 가장 큰 장점
이구요.

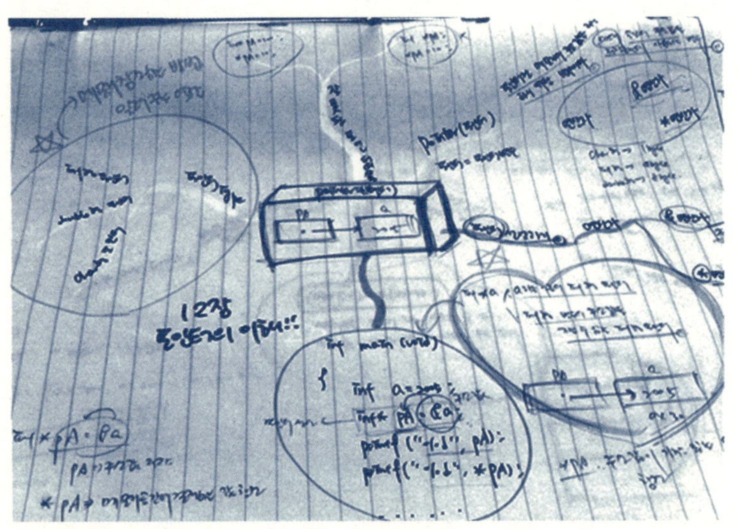

　나는 마인드 맵을 다양하게 활용해요. 수업, 강의를 준비할
때, 글을 쓸 때, 생각을 빠르게 정리할 때, 학습한 내용을 복습
할 때 적극 활용하고 있어요. 정말 신기하고 놀라울 정도로 효과
적이고 체계적인 방법이에요. A도 꼭 활용해 봐요. 절대 후회 안
해요 완전 강추!!

어렵게 이해한 것이라도 주기적으로 관리하지 않으면 사라지게 됩니다. 성적차이는 누가 공부한 내용을 잘 관리하느냐에 달려 있습니다. 두뇌에 입력하는 것에는 성공했지만 제대로 관리하지 못해 정보가 손실되면 그것을 되살리기 위해 또 다시 많은 시간과 노력을 투입해야 합니다. 여기서부터 공부에 대한 고민과 갈등이 시작된다고 생각합니다. 분명히 시간과 에너지를 사용하여 공부한 내용을 머리에 집어넣는데 관리(복습) 소홀로 인하여 공부한 내용이 백지 상태가 되었다 아주 그냥 절망입니다.

학습 실패원인에서도 이야기를 했지만 많은 학생들이 열심히 공부를 해서 정보를 자신의 머릿속에 넣는 것은 성공하지만, 꾸준히 관리하지 않아서 머릿속에 있던 것을 잃어버리는 경우가 허다해요. 그래서 나는 예습보다는 복습이 훨씬 중요하다고 생각해요.

내가 고등학교, 대학교 시절, 복습을 구체적으로 어떻게 하는 것이고, 도대체 무엇을 복습하는 것인지 몰라서 아파하고 방황했던 기억이 있어요. 수 없이 들어왔죠. 복습은 공부했던 것을 다시 보는 것이라고….

그렇다면 도대체 무엇을 다시 봐야 할까요? 교과서를 다시 봐야하나? 보충 교재를 다시 봐야하나? 그렇다면 얼마나 자주 복습해야 하는 거지?

Review (다시 보기 = 복습)

복습 = ReView, 말 그대로 다시Re 보는 것View이 복습이에요. 그런데 여기서 질문을 한 번 더 해보죠? 도대체 무엇을 다시 봐야할까요?

결론부터 말하면 학습한 내용의 핵심내용을 집중적으로 보는 거예요. 학습한 내용의 핵심정보를 집중 관리하는 것이 복습의 요령입니다.

핵심내용을 정리하는 강력한 도구가 마인드 맵이라고 이야기했었죠. 마인드 맵을 통해 만들어 낸 핵심내용을 수시로 보는 과정이 바로 복습이에요.

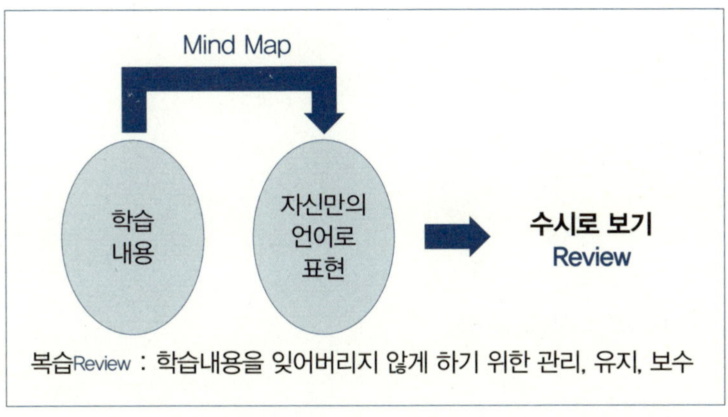

공부를 잘하는 학생과 못하는 학생을 구분 짓는 가장 큰 요인은 학습한 내용을 얼마나 자주 보고, 지혜롭게 관리, 유지, 보수하는지에 있어요.

지금까지 한 이야기를 종합해 보면 복습이란 내가 만들어 놓은 Mind Map을 다시 보는 것입니다.

학습에 있어서 성공과 실패는 시간과 노력이 아닌 단순한 관리 차원에서 결정된 경우가 많아요. 크게 힘들이지 않고 이루어낸 성공사례에는 어김없이 효과적인 관리 전략이 숨어있기 마련이죠.

반면 적절한 관리 전략을 구사하지 않은 사람들은 저장단계에서 적지 않은 정보를 유실하고 그 결과 힘든 고통의 시간을 보내야만 하죠. 입력의 성공은 절반의 성공일 뿐이에요. 금맥을 찾아 어렵게 캐낸 금을 창고로 옮기는 과정에서 길에 흘려버린다면 얼마나 속상하고 허탈할까요? 금을 흘리지 않고 창고로 안전하게 옮기는 과정이 바로 저장, 즉 복습이에요.

구체적인 복습 방법

혹시나 복습하면 이런 생각을 가지고 있죠. 연습장에 오늘 공부한 것이나 단어나 내용을 써놓고 샤프나 볼펜, 각종 색연필 이용해서 종이 찢어지도록 동그라미나 밑줄 쳐가면서 외우는 것. 그것은 복습이 아니라 색칠공부에요. 그런데 많은 학생들이 그렇게 하더군요. 복습할 때도 역시 사고의 전환이 필요해요. 복습할 때 처음부터 완벽하게 하려고 하는 것에서부터 문제가 발생하는 거죠.

전체 학습 내용 중 핵심 내용을 80%로 보고, 주변 내용을 20%로 본다면 주변 내용까지 완벽하게 하려고 욕심을 부리지 않고, 핵심 내용 80%에만 집중하는 것이 훨씬 효율적입니다. 공부한 내용을 핵심과 주변으로 분류하여 핵심만을 관리하는 방법을 사용하는 것이 중요해요. 핵심 정보를 집중적으로 관리하면 두뇌 전체 회로의 약화나 혼란을 최소화할 수 있어요.

핵심정보란 학습내용의 중요개념을 뜻해요. 학습내용의 기본 뼈대를 찾아내서 그 뼈대를 수시로 확인하면 돼요. 이 처럼 복습이라 해봤자 대단한 것이 아니에요. 부담 가질 것도 없고 어려워할 것도 없어요.

효율적인 복습 간격과 타이밍

그렇다면 복습은 얼마나 자주 해야 할까? 매일매일 복습해야 하는 것일까? 그렇다면 너무 힘들고, 스트레스 받지 않을까?

그럼 효율적인 복습간격은 어떻게 될까요? 예를 들어 1시간

동안 학습을 했다고 한다면

· 10~30분 후

· 하루가 경과한 후

· 일주일 후

· 한 달 후

· 석 달 후

· 여섯 달 후

이런 간격으로 복습을 해 나간다면 학습한 내용을 두뇌에 강력하게 정착시킬 수가 있을 거예요. 위의 글에서 말해주는 타이밍이 모든 사람에게 적용되는 것은 아니지만 일반적으로 위와 같이 학습, 복습 계획을 잡는다면 전보다는 훨씬 더 효과적으로 공부할 수 있어요. 일반적으로 복습시간은 학습한 시간의 10% 정도가 소요된다고 합니다. 내가 작성해 놓은 마인드 맵을 활용해서 복습을 한다면 빠른 시간 안에 많은 내용을 복습하고 점검할 수가 있어요.

예를 들어 학습시간이 60분1시간이었다면 복습하는데 60× 10%=약 6분 정도가 소요된다고 봐요. 앞서 언급했던 것과 같이 마인드 맵을 이용해 핵심내용을 뽑아낸 후 집중적으로 살펴본다면 충분히 가능하죠.

학습과 복습을 통해 핵심내용을 기억에 정착시켰다면, 이제는 공부한 내용이 어떻게 적용되고, 활용되는지 확인하는 과정을 반드시 거쳐야 해요. 이 과정을 확인학습이라 해요.

일반적으로 공부는 이렇게 구성되죠.

'공부 = 기본개념 확인Mind Map + 해당학습범위 문제풀이확인학습'

우리가 일반적으로 말하는 문제집은 다음과 같이 구성되어 있어요.

· [단계 문제(기본 문제) : 기본개념을 묻고 적용하는 수준의 문제.

학습한 범위의 기본개념만 확인하고, 바로 적용할 수 있는 수준의 문제. 학습한 내용의 핵심 내용을 부담 없이 확인하고, 강력하게 기억할 수 있도록 해줌.

· **2단계 문제**(중간난이도 문제) : **기본개념 + α**

1단계 문제보다는 약간 난이도가 있는 문제. 문제를 해결하기에 필요한 요소를 더 첨가하여 약간은 까다롭게 구성한 문제.

· **3단계 문제**(심화 문제) : **기본개념 + $\alpha_1 + \alpha_2$**

심화문제로써 많은 응용력과 활용력을 바탕으로 한 문제.

1, 2, 3단계의 문제 모두 기본개념을 바탕으로 문제의 수준을 확장해 나가요. 그렇기 때문에 각 단계의 문제를 접할수록 기본개념을 확실히 다질 수가 있어요. 수준 있는 문제를 풀어가면서 핵심내용을 파악하고 적용력과 응용력을 키워나갈 수 있게 되는 거죠.

확인 학습을 통해서 공부한 부분의 영역을 확장해 나가는 것이 핵심입니다.

공부를 한 후 확인과정을 거치지 않는 것은 화장실을 다녀온 후 뒤처리를 하지 않은 것처럼 찝찝함을 남기는 것과 같아요. 뒤처리를 깔끔하게 해야만 일이 마무리가 되는 것처럼 공부에서 마무리는 너무나 중요해요.

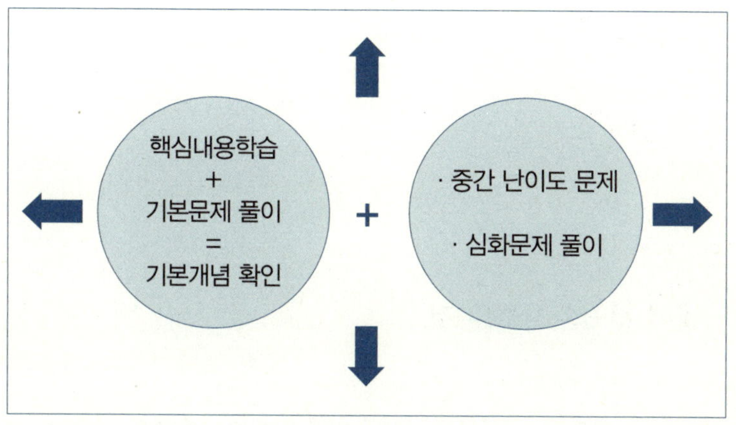

6. 최적주의적 사고

낯선 것 VS 어려운 것

많은 학생들이 크게 착각하는 것이 있어요. 새로운 내용을 배우면 어렵다고들 하잖아요. 그것은 명백한 착각이에요. 정확히 말하면 어려운 것이 아니라 낯선 것이 맞아요. 낯설고 처음 접하는 내용이기 때문에 어렵다고 느껴지는 거예요.

A, 처음 자전거를 배울 때를 생각해 봐요. 처음에 자전거를 배울 때는 너무나 어렵고 어색하기만 했잖아요. 그러나 한 번, 두 번, 세 번…. 반복하다 보면 어느 순간 자전거 타는 것이 익숙해지고 편해지죠. 처음 배울 때 힘들어 했던 것은 기억이 나지 않

을 정도로 익숙해지고 쉬워져요. 심지어는 하다하다 두 손을 놓고 타는 묘기까지 하잖아요.

학습의 속성도 이와 비슷해요. 당연히 처음 배우면 낯설고 어색하고 불편하죠. 그런데 반복하다 보면 익숙해지고 편안해져요. 익숙해지고 편안해지면 그 일은 쉬워지게 되어있어요. 공부도 이 원리를 벗어날 수 없죠. 그러니 처음에 낯설고 어렵다고 느끼는 것은 지극히 정상이에요. 처음 한두 번 해보고 어렵다고 불필요한 스트레스를 받을 이유가 없어요.

오늘 본 것을 내일 또 보면 낯선 느낌이 줄어들고, 다음날 또 보면 전날보다 훨씬 낯선 기분이 줄어들 거예요. 이렇게 되면 새로운 내용이 익숙해지고 할 만해 지는 거죠. 어려운 것과 낯선 것을 구분했으면 좋겠어요. A가 모른다고 하는 것의 대부분은 낯선 것일 경우가 많아요.

공부하는 방법에 관하여 조금만 생각과 방법을 바꿔보면 더 많은 만족감과 성과를 낼 수 있어요.

최적주의적 학습사고

학창시절 나의 이야기를 할까 해요. 나는 항상 남들보다 공부 속도가 느렸어요. 지나친 꼼꼼함, 완벽하게 하려는 욕심 때문에 한 단원을 접하면 모든 것을 이해하고, 외우려고 덤벼들었죠. 효율은 효율대로 떨어졌고 스트레스와 짜증은 극에 달했어요. 저는 그것이 열심히 하는 것으로 생각했고 누구나 다 그렇게 고통을 참아가며 공부한다고 생각했어요. 할 것도 많고 볼 것도 많은데 시간은 한정되어 있고 다음 진도를 나가다 보면 앞의 내용은 다 잊어버리곤 했어요. 그러면 앞의 내용 다시 학습하는데 시간을 할애해서 새로운 진도는 나가지도 못했고 말이에요. 그렇게 학습을 하니 당연한 듯이 향상은 없었죠. 전 참 어리석고 지혜롭지 못하게 공부를 했어요.

해당 내용을 처음부터 완벽하게 이해하려 하거나 암기하려고 하면 공부는 질려버려요. 능률과 성과는 바닥을 쳐서 공부는 고통스런 행위가 되죠. 학창시절의 나야말로 실패하기로 작정한 완벽주의자였어요. 그런 내 모습을 보며 꼼꼼하다, 열심히 한다고 착각을 했던 것 같아요.

여기서 말하는 최적주의적 학습사고란 전체 내용의 80% 정도만 이해하고 넘어간다는 생각으로 공부하는 거예요. 같은 학습

내용을 여러 차례 보면서 모르는 부분을 줄여나가는 거죠.

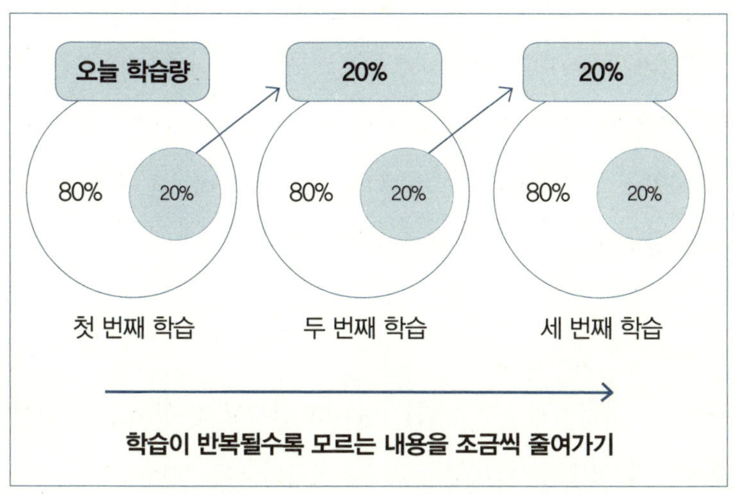

복습 때 잠깐 언급한 내용이지만, 전체 학습 내용 중 핵심 내용을 80%로 보고 주변 내용을 20%로 본다면 주변 내용까지 완벽하게 하려고 욕심을 부리지 않고 핵심 내용 80%에만 집중하는 것이 훨씬 효율적이에요.

전체 내용의 핵심을 차지하고 있는 80% 정도 이해하고 넘어간다는 생각으로 공부하는 것이 핵심이에요. 나머지 모르는 20%는 모르는 채 넘어가면 돼요. 그래도 정말 괜찮아요. 20% 때문에 스트레스 받을 필요가 없어요. 나머지 20%는 두 번째 학습할 때 첫 번째와 같은 원리로 모르는 부분의 80%를 이해하고 모르는 부분은 또 넘어가요. 이런 식으로 반복하다 보면 모르는 부분을 줄여나갈 수 있어요. 이것이 바로 최적주의 학습사고에요.

공부하다가 정말 모르는 부분은 질문하고 물어보면 되는 거죠. 전문가의 도움을 받으면 돼요. 인터넷 동영상 강의 혹은 관련 분야 학원을 다니는 것도 좋은 방법이죠. 시간을 줄일 수 있고 불필요한 스트레스를 받지 않아도 되구요.

최종적인 목표는 완벽 !!

단, 그 과정에서 완벽주의를 버려야 전진할 수 있어요. 멍청한 완벽주의자보다는 지혜로운 최적주의자가 되길 바라요.

A도 어렸을 때부터 항상 들어 왔죠? "책을 읽어야 한다." "성공한 사람들은 반드시 책을 읽는다." 같은 이야기요. 귀에 못이 박히도록 들어왔을 거예요. 그런데 정작 납득할 만한 이유는 알려주지 않고 무작정 읽으라고 강요만 당한 거 같죠. 반발심 때문에 더 읽기 싫어지고. 방 청소 하려고 마음먹었는데 갑자기 엄마가 들어와서 "방 꼴이 이게 뭐야, 청소해!!" 그러면 괜히 하기 싫어지는 것과 비슷한 거 같아요.

A한테 잔소리하는 것 같아서 하기 싫지만, 책 읽는 게 그렇게 힘들까요?

책이랑 친해지기

A의 목표는 우선 책과 친해지고 독서습관을 만들어내는 거예요. 사람과도 친해지려면 자주 만나고 시간을 함께 보내야 하잖아요. 그렇게 되면 그 사람과 어색함이 없어지고 어느새 친숙하게 느껴지죠. 초반의 어색함이 익숙함으로 변해서 그 사람과 만나는 것이 편안해지고 당연해지잖아요.

책도 사람 사귀는 것과 같아요. 책은 절대 초반부터 무리해서 읽는 것이 아니에요. 조금씩 자주 만나는 것이 핵심이죠. 사람을 만날 때도 처음부터 너무 들이대면 부담스럽고 싫어지잖아요. 시간을 두고 자주 보면 정들고 친해지는 거랑 같아요.

책 읽는 가장 좋은 방법은 자투리 시간을 활용하는 거예요. A의 하루 일과 중 틈틈이 생기는 5, 10분의 자투리 시간을 활용하는 거죠. 공강 시간, 지하철을 타고 이동할 때, 약속장소에서 친구를 기다릴 때, 교수님이 강의시간에 늦을 때, 생각 없이 스마트폰으로 시간을 버릴 때 등 충분히 자투리 시간을 만들 수 있죠.

자투리 시간만 잘 모아도 하루에 90분 정도는 만들어 낼 수가 있어요. 그 정도 시간이면 한 달에 2권 정도는 충분히 읽을 수 있어요. 잠깐의 틈이 생기면 의식적으로 한 장, 아니 한 단락이라도 읽는 것이 중요해요. 주변 친구들이 자투리 시간에 습관적으로 스마트 폰을 만질 때 A는 책을 읽으면 되는 거죠.

우선 책의 내용은 이해하지 못해도 아무 문제없어요. 부담 없이 틈틈이 읽어나가다가 한 권을 다 읽었을 때 만족감과 성취감을 느껴보는 것이 가장 중요해요. 그렇게 한 권, 두 권 읽으면 되는 거죠. 쉽죠?

아무리 큰 바다라도 결국은 물방울 하나하나가 모여서 이루어지잖아요. 독서도 마찬가지에요. 한 단락, 한 페이지씩 읽어나가다 보면 어느 순간 마지막 페이지를 읽고 있을 거예요. 그러면 이런 생각이 들 거예요.

'뭐야? 별 것 아니네?' '책 읽는 거 안 힘드네.'

이런 생각이 들면 성공한 거예요. 별 것 아닌 독서가 쌓이고 쌓이면 A 인생은 몇 단계 업그레이드가 되요. 별 것도 아닌 독서를 하는데 A 주변 사람들이 '책 열심히 읽네' '독서광이네' 하고 칭찬을 해줄 거예요. 독서는 나를 성장시키는 가장 안전하고 효율적인 방법이에요.

한 달에 2권 읽기

지금 근무하고 있는 학교에서 사랑하는 제자들과 함께하고 있

는 운동이 있어요. 바로 '한 달에 책 2권 읽기' 운동이에요. 거창한 것 같지만 누구나 할 수 있어요. 하루에 30분씩만 책을 읽는 거예요. 그 30분도 내리 30분을 읽는 것이 아니라, 10분씩 3번 잘라서 읽는 거예요. 다름 아닌 학교생활 중에 자투리 시간을 활용해서 책을 읽는 거죠.

30분1일×7일주일 = 210분×4주한 달 = 840분×12개월1년 = 10,080분

하루에 꾸준하게 30분씩 독서를 하면 1년이면 10,080분 독서를 하는 거죠. 저렇게 2년, 3년, 5년, 10년을 읽어 나간다면 A 독서량은 엄청날 거예요.

결국 인생을 좌우하는 것은 A 삶을 구성하는 작은 습관들이죠. 그 작은 습관들이 모여서 결국은 A 인생이라는 큰 그림을 완성해 나가는 거잖아요. 독서라는 작은 습관이 A의 인생을 좀 더 윤택하고, 풍요롭고, 가치 있게 만들어 줄 거예요.

A, 스마트 폰 게임을 하시겠어요? 아님 한 권의 독서를 하시겠어요?

20대에는 어떤 책을 읽으면 좋을까요?

자기계발 서적을 추천하고 싶어요. 인생을 먼저 산 선배들이 실패, 아픔, 위험상황, 고비들을 어떻게 극복했는지 배울 수가 있어요. 책 한 권에는 작가의 인생과 삶의 지혜가 녹아있어요. 짧게는 몇 년, 길게는 몇십 년의 인생의 노하우가 녹아져 있잖아요. 그렇게 값진 인생의 노하우를 약 만 원 정도 크지 않은 돈으로 간접적으로 배울 수 있으니 충분히 가치 있는 거죠.

그리고 삶의 지혜, 사회생활을 하고 인생을 살아가기 위해서 필요한 능력들, 정신적으로 단련하기 위해서라도 자기계발 서적을 권하고 싶어요. 자기계발 서적을 한 권, 두 권 읽는 것으로 끝내면 안돼요. 행동과 사고가 변화되기 위해선 같은 내용을 지속적으로 읽고 소화해내야만 성공을 가로막는 나쁜 습관들과 잘못된 사고들을 고쳐나갈 힘이 생기거든요. 자기계발 서적 몇 권정도 읽다 보면 내용이 다 비슷비슷하기 때문에 쉽게쉽게 읽어 나갈 수 있어서 독서에 속도감도 생기구요.

자기계발 서적의 종류로 학습법, 시간관리, 대인관계, 처세술, 건강관리, 진실된 사랑, 재테크, 화술 등 A의 올바른 가치관 형성과 자신의 사회적, 업무적 능력을 향상시킬 수 있는 성격의 책이라면 뭐든 좋아요. 아직 책 고르는 눈이 생기지 않았다면 부담 갖지 말고 자기계발 분야의 베스트셀러 혹은 스테디셀러부터 한 권씩 한 권씩 읽어 가면 좋아요. A의 색깔을 만들어 냄에 있어서 가장 좋은 방법은 성공한 사람들의 삶을 벤치마킹하는 것이에요.

이렇게 책이 편해지면 독서 편식을 하지 않도록 노력하는 것도 중요하죠. 책을 읽을 때 매주 다른 성격의 책을 읽는 것이 요령이에요.

한 달 분량 서적			
첫째 주	전공관련 서적	×12개월	12권
둘째 주	자기계발 서적	×12개월	12권
셋째 주	인문, 교양 서적	×12개월	12권
넷째 주	신앙 서적	×12개월	12권
총	다양한 분야의 책을 약 48권		

이런 식으로 1년 책을 읽어간다면 질리지 않고 꾸준히 읽을 수 있어요. 미 항공우주국 NASA에서는 조종사들에게 새로운 습관을 몸에 익히도록 하기 위해서 새로운 습관을 21일3주 동안 반복적으로 시킨다고 하네요. A도 독서 습관을 기르기 위해서는 적어도 3주 동안 꾸준히 하는 것이 중요해요. 책 읽는 습관이 양치질 하는 것, 밥 먹는 것처럼 몸에 익힌다면 그 순간부터 A의 성장은 시간문제에요.

8. 우리 청년들은
행복 푸어 Happiness Poor

　　최근에 우리 사회에 유행하는 단어가 "하우스 푸어 House poor"라고 하더군요. "내 집을 가지고 있지만, 가난한 사람"이라는 뜻이래요. 무리하게 대출을 받아 아파트를 샀던 사람들이 부동산 경기침체로 큰 손해를 입으며 하우스 푸어로 전락하게 된 거죠. 이 단어를 우리 청년들에게 적용해 봤어요.

　　'우리 사회 청년들은 행복 푸어'

　　행복 푸어 Happiness Poor란, 젊음의 시간과 에너지는 많이 가지고 있지만 정작 제대로 활용하지 못해 아파하고 힘들어하는 사람. 어때요? 뜨끔하죠? A도 혹시 행복 푸어?

　　다음의 예화를 볼까요.

공부 잘하는 고등학생이 있습니다. 공부 뿐만 아니라 어찌나 성격도 좋고, 유쾌한 지 친구들한테 인기도 좋아요. 정말 하루하루 만족감, 행복함을 느끼며 학교생활을 하는 학생이었습니다.

대입 수능을 치루고 난 후, 적성과 관심 분야와는 상관없이 성적이 좋다는 이유로 사회적으로 인정받는다는 이유로, 부모님과 주변의 바람대로 의대에 진학을 했습니다.

능력 있고 성실했던 학생이었으니 하루하루 힘들어도 꾹꾹 참아가며 열심히 전공 공부를 했습니다. 나의 꿈이 아닌 부모님의 바람을 이루어 드리기 위해서.

인정받고, 사람들에게도 영향력을 행사할 수 있고, 돈도 많이 벌고. 처음에는 행복한 줄 알았습니다. 아니 이렇게 사는 게 행복인 줄 알았습니다.

그렇게 능력 있고 활동적이고 유쾌한 사람이 하루 종일 진료실에 틀어박혀 자신의 개인 시간도 없이 환자 40~50명을 진료했습니다. 시간이 갈수록 이런 삶이 버겁게만 느껴집니다.

이렇게 하루, 이틀 살다보니 유쾌하고 매력적인 예전의 모습은 온데간데 없이 사라지고 습관적으로 짜증, 불평, 화를 내는 자신을 발견하게 되죠. 육체적, 정신적 건강은 말할 수 없이 무너져 버렸구요.

지금 사회적으로 "그럴싸 해" 보이는 이 의사는 행복할까요?

나는 이 예화를 들었을 때, 참 무서웠어요. '아, 이것이 바로 꼭두각시 인생이구나. 내 뜻대로 하지 못하고, 남이 바라는 대로, 시키는 대로 사는 인생. 그렇게 살다가 인생의 끝자락에서 땅을 치고 후회하면 얼마나 분하고 원통할까….'

A, 예화를 읽으면서 행복의 핵심을 파악했나 모르겠네요. A가 행복한 삶을 살고 싶다면 반드시 스스로 A 인생의 주인공이 되어야 해요. 이것이 바로 행복의 핵심이에요. 그렇게 되어야만 다른 사람에게 휘둘리는 인생이 아닌 주도적인 삶을 살 수 있어요.

뜬금없기는 하지만 모델이란 직업이 우리나라 직업 만족도에서 하위권에 있는 거 알아요? 왜 그럴까요? 누구나 부러워하는 외모, 몸매, 화려하고 멋진 옷을 입는 모델이란 직업이 왜 그렇게 만족도가 낮을까요?

모델이란 직업은 지극히 수동적인 직업이에요. 디자이너가 주문하는 대로 옷을 입고, 쇼를 준비하죠. 자신의 창의적인 사고, 의지나 생각을 표현하기는 힘들죠.

반대로 직업 만족도가 높은 직업은 예술관련 직업, 방송관련 직업, 상담가 등 자신의 능력과 열정, 창의력을 최대한 발휘할 수 있는 분야라고 하더라구요. 자신이 직접 주도적으로 일을 해나가니까 재밌는 거죠. 행복한 거구요.

그럼 행복하려면 도대체 어떻게 해야 할까요?

불필요한 서론 생략하고 바로 필요한 얘기하죠.

$$\text{행복} = \text{전문적 능력} + \text{정서적 안정}$$

　행복의 구성요소는 크게 두 가지 요소로 구성되어 있어요. 전문적 능력과 정서적 안정. 두 가지 요소 중 어느 것 하나 부족해도 진정한 의미의 행복을 느낄 수가 없어요. 차근차근 하나씩 알아보죠.

전문적 능력

여기서 전문적 능력이란, A의 직업적 능력을 말하는 거에요. 조금 더 쉽게 설명하면 A만의 전문적 색깔을 만들어내는 거예요. 좀 어렵죠? 더 쉽게 이야기해볼게요.

'박지성' 하면 딱 떠오르는 단어가 있죠? '축구'. '김연아' 하면 떠오르는 단어는 '피겨 스케이팅'. '추신수' 하면 떠오른 단어는 '야구'. 이런 식으로 한 분야의 전문가들은 자신만의 전문적인 능력이 있고 자신만의 색깔이 있다는 뜻이에요.

A도 반드시 치열한 진로 고민을 통해서 고민에 대한 답을 찾아야해요. 정말 놀라운 것은 잘하고 싶은 분야가 확실해지면 누가 시키지 않아도 알아서 공부하고 노력하더라구요.

여기서 또 진로와 비전이라는 이야기가 나오겠네요. 행복의 핵심은 A의 진로와 비전을 명확히 만들어 내는 것부터 시작하는 거죠.

에디슨이 이런 이야기 했었죠. "천재는 99% 노력과 1%의 영감으로 이루어진다." 멋있는 명언이죠. 그런데 이 명언을 살짝만 틀어서 생각해 볼까요?

"성공한 사람은 1% 영감과 99% 노력으로 완성된다."

그런데 99% 노력보다 1% 영감이 훨씬 더 중요해요. 99% 노력으로 1% 영감을 못 따라가는 경우가 많아요. 여기서 말하는 1% 영감이 바로 A가 태어날 때 선물로 받은 재능, 달란트를 말하는 거에요. A는 당연하게 하는데 다른 사람들은 당연하게 못하는 부분. 그게 바로 A의 재능일 확률이 높아요.

약간은 냉정한 사실이지만 노력해도 절대 넘볼 수 없는 부분이 반드시 존재해요. A만이 가지고 있는 1%, 재능이 반드시 있어요. 우선은 그것을 찾은 후에 그 재능을 토대로 전공을 선택해야 하고 그것을 전문화하는 것이 중요해요. 그렇게 전문화한 것이 A의 직업이 되면 되는 거에요.

그 재능을 찾으려면 별 다른 방법이 없어요. 다양한 경험과 독서, A가 직접 부딪쳐보고 실컷 실패해서 몸으로 깨닫는 것이 가장 정확해요.

운동 잘하는 것은 재능, 미술 실력이 뛰어난 것도 재능, 음악 실력이 뛰어난 것도 재능이죠.

그럼 공부는 재능일까요 아닐까요? 공부 잘하는 것도 확실히 재능이에요. 공부 역시 성실과 노력만으로 채워질 수 없는 재능적인 부분이 반드시 있어요. 많은 학생들이 안 되는 공부를 해보겠다고 "하면 된다." 정신으로 꾹꾹 참아가며 하죠. 거기서부터

인생 피곤해지는 거예요. 막무가내 정신과 도전 정신은 다른 거예요. 구분 잘해요.

그런데 우리나라 교육시스템은 '공부 = 노력, 성실'이라는 말도 안 되는 공식을 강요하죠. 쓸데없는 공식 때문에 아파하고 힘들어 하는 학생들이 너무나 많아지는 거예요. 가장 대표적인 것이 고등학교 야간 자율 학습이에요. 시간낭비, 에너지 낭비, 물질 낭비, 체력낭비.

야간 자율 학습이 필요한 학생들에게만 시켜야죠. 그 시간에 다른 것 준비했으면 정말 웃으면서 인생 살 수 있는 친구들이 정말 많을 텐데…. 아주 그냥 답답합니다.

A가 지금 하고 있는 전공 공부도 사실은 전문적 능력을 키우기 위한 하나의 방법이에요. 그런데 대다수의 대학생들은 진로와 목표를 고민하지 않은 채 전공을 정하니 대학 전공 공부가 재미도 없고 한없이 어렵기만 하고 막막하기만 하죠. 그야말로 짜증 만땅이에요.

전공 공부하기 진짜 어렵죠? 여기서 잠깐 우리 전공 공부 이야기 좀 할까요?

나도 대학 다닐 때 분명히 전공 공부를 했고 매 학기마다 중간, 기말고사를 봤는데 졸업할 때쯤에는 전공분야에 대한 지식이 머리 속에 거의 없더군요. 분명히 이것저것 한 것 같은데 말이죠.

혹시 A, 현재 공부하고 있는 전공 분야에 대해서 사람들 앉혀 놓고 2~3시간 자신 있게 설명할 수 있어요? 아마 하기 정말 힘들 거예요. 힘든 이유를 설명해 줄게요.

솔직히 말하면 대학교는 A에게 해줄 수 있는 게 거의 없어요. 일반적으로 학습할 수 있는 시간과 장소 같은 시스템, 사회에서 증명서처럼 활용할 수 있는 졸업장만 제공할 뿐. A의 전문적인 능력을 키우는 것은 철저하게 A의 몫이에요. 학교 측과 교수님들도 특별한 경우가 아니고서야 A에게 별 관심 없어요.

그렇다고 교수님들이 나쁜 분들이란 이야기가 아니에요. 교수님들은 정말 바빠요. 강의하랴, 프로젝트 따오랴, 세미나 참석하랴, 연구 논문 제출하랴 등등. 교수님들도 별 수 없어요. 그분들도 하루는 24시간이거든요.

A의 진로와 전공실력 향상은 교수님들의 관심 순위에서 거의 끝에 있다고 보면 얼추 맞아요. 교수님들한테 많은 것 바라지 말아요.

전공 공부할 때 정말 필요한 능력은 A가 얻고자 하는 전공분야 내용을 A 머리 속으로 제대로 집어 넣을 수 있는 가장 효율적이고 효과적인 방법을 찾는 거에요. A 또래 대학생들은 이 능력이 너무나 부족해요. 그러니 대학교 전공 수업이 어려울 수밖에요. 왜 그렇게 전공 내용은 머릿속으로 안 들어갈까요?

A도 아마 중1~고3까지 6년 동안 수동적인 형태로 교육을 받았을 거예요. A가 교실에 가만히 앉아 있으면, 정해진 시간표대로 선생님들이 들어오셔서 수업하시고 나가시는 형태. 그런데 반대로 대학은 A가 교수님을 찾아다녀야 하잖아요. 6년 동안 해오던 방식하고 너무 다른 거죠. 항상 수동적인 수업 형태에 길들어져 있다가 그것을 통째로 바꾸려고 하니. 서툴고 낯설 거예요.

그리고 하나 더 중·고등학교 선생님과 교수님의 차이는 뭘까요? 선생님은 어려운 내용을 쉽게 설명하는 능력이 뛰어나시고, 교수님은 쉬운 이야기를 어렵게 전달하는 특별한(?) 능력이 있으신 분들이에요.

그나마 꼼꼼하게 수업을 해주시는 교수님의 과목 성적은 괜찮을 건데, 특별한 능력(?)을 가진 교수님들의 과목 성적은 아마 좋지 않을거에요. 내가 그랬거든요.

학교 전공 수업만으로 전공 실력 향상? 택도 없어요.

그런데 가끔 과에서 보면 소위 말하는 독한 것들 있잖아요. 항상 '과 톱'하는 것들. 아주 그냥 얄미운 친구들이요.

그 친구들은 반드시 A가 모르는 학습 전략이나 방법이 있을 거예요. "그냥 열심히 하는 거지 뭐." 이런 '엠씨 스퀘어 정신' 같은 말 같지도 않은 소리 믿으면 안 돼요. 무슨 일이든지 좋은 결과에는 반드시 최적의 전략이 있기 마련이에요. 그런데 대학에서는 그 전략이라는 부분을 절대로 알려주질 못해요. 학생들이 워낙 많고 다양하니까.

그러니까 A는 대학교에서 못 해주는 부분을 스스로 찾는 수밖에 없어요.

예를 들어 A가 전자공학과라면 관련 자격증을 공부해요. 전자 기기 기능사, 전자 산업 기사, 전자 기사 등 단계적으로 공부를 해나가는 거죠. 이런 식으로 전공과 관련된 자격증 공부를 스스로 찾아서 해야 해요. 그렇게 전공 관련 자격증 혹은 전공 관련 공부를 하다 보면 학교 전공 내용과 겹치는 부분이 상당히 많다는 것을 알게 될 거에요.

그러면 전공 수업이 상당 부분 이해가 될 거예요. 이 원리가 눈에 보이고, 깨닫기만 하면 게임은 생각보다 쉽게 풀려요. 편하게 전공 수업을 따라갈 수 있게 되는 거죠.

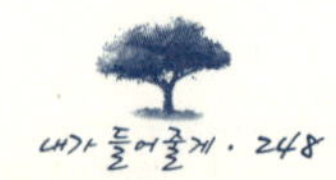

다시 말해 전공 관련 인터넷 강의, 동영상 강의, 전공 관련 학원에 가서 전문가들한테 배우는 등의 방법들이 많은 도움이 될 거예요. A한테 가장 잘 맞는 방법을 잘 찾아서 충분히 활용해요.

내가 앞에서도 말했지만 대학에 가면 '학원을 활용한다'는 개념을 바꿔야 해요. 학원을 활용한다는 것은 A가 배우고 싶은 쪽 전문가를 찾아가서 그분이 가지고 있는 전문지식을 A가 일정한 금액을 제공하고 사는 거예요. 그래서 A는 그만큼 시간을 아끼고 시행착오 없이 능력을 키울 수 있는 거죠.

우리나라 사교육, 학원교육이 문제라고 하지만 그것은 맹목적인 대입 입시 학원이 문제라는 거예요. 평생학습 개념으로 전문능력을 키우기 위한 학원 활용은 A의 능력을 키우기 위한 지혜로운 방법 중에 하나예요. 전 세계에서 우리나라만큼 학원 시스템을 잘 구축해놓은 나라 드물어요.

지적 욕구가 충족될 때 찾아오는 만족감은 세상 어떤 유희로도 감히 흉내낼 수 없어요. 얼른 찾아요. A의 전공 실력을 키울 수 있는 A만의 최선의 방법. 그것은 철저하게 A의 몫이에요.

꼭 기억해요. 학교는 A한테 해줄 수 있는 것이 그리 많지 않다는 점.

그리고 하나 더! A가 공부에 재능이 있는지 없는지는 초1~고3

때까지 12년 동안 철저히 경험했잖아요. 재능이 있다고 판단되면 밀어붙여요. 공부에 재능이 없는 것 같으면 얼른 A의 심장을 뛰게 만들고 A도 모르게 입가에 미소가 띄어지는 분야 찾아요.

확실한 사실은 A의 단점을 없애려고 노력하는 쪽보다는 A의 장점을 키우려고 노력하는 쪽이 훨씬 빠른 성장을 가져와요. 얼른 잘하는 분야 찾아서 집중공략해요.

정서적 안정

행복 구성요소 두 번째는 너무 중요한 정서적 안정이예요. 바로 삶의 지혜에 해당되는 부분이에요.

· 사랑을 주고 받고 있다는 느낌

A도 아는 것처럼 우리나라는 OECD 가입국가 중에서 자살률이 1위라고 하더군요. 정말 부끄러운 순위죠. 하루 평균 약 40명이 스스로 목숨을 끊는다고 하더군요.

어쩌다가 우리나라가 이렇게 됐을까요?

그런데 놀라운 사실이 있어요. 극단적인 선택을 하는 분들 중

에는 우리가 생각하기에 사회적으로 성공해서 무엇 하나 부러울 것이 없을 것 같은 분들이 상당 수 있다는 거예요. 전문적인 능력도 탁월하고 사회적으로도 성공하신 분들이 그런 모습을 보여줄때면 참 안타깝죠.

어찌 보면 짧지 않은 인생을 살아가기 위해서는 전문적인 능력보다 훨씬 중요한 것이 정서적인 안정이에요. A는 어떨 때 심리적으로나 정서적으로 안정되나요? 오늘은 그 이야기를 해볼게요.

정서적 안정을 누리기 위해서 가장 필요한 것을 하나 뽑으라고 하면 바로 '사랑'입니다.

A가 주변 사람들한테 사랑을 받고 있고, A가 주변 사람들에게 사랑을 주고 있다는 것을 경험하게 되면, 힘든 일이나 어려운 일이 A에게 닥쳐도 건강하게 이겨낼 수 있어요.

'아, 내가 힘들면 걱정해주고 같이 울어주고 챙겨주는 사람들이 있구나.'

얼마나 큰 힘이 되고 의지가 되겠어요.

정서적 안정을 누리기 위해서는 반드시 '사랑'이란 감정을 느껴야 해요. 가족 간의 사랑, 친구들과의 사랑 등등 다양한 형태의 사랑이 있잖아요. 그것을 충분히 경험하고 사는 것이 무엇보다 중요해요. 사랑이 최고의 정서 안정제인 셈이죠.

스스로 극단적인 선택을 하시는 분들의 공통점은 극도의 스트레스, 외로움, 고독함, 우울증 같은 정신적인 고통을 받았다는 거예요. 얼마나 사람들의 관심과 사랑에 굶주려 있었을까요.

사랑이란 감정은 A가 각박한 인생을 살아가는데 반드시 필요한 윤활유예요.

A도 한 살 한 살 나이를 더해가면서 느낄 거예요. 사람이 얼마나 귀하고 소중한 지. 그러니 주변분들 잘 챙기고 관심 가져 주는 일을 결코 소홀히 해서는 안 돼요. 결국은 사람이 재산이에요.

· 꾸준히 운동하기

제가 아는 어떤 분이 젊었을 때 성공하기 위해서 건강은 돌보지 않은 채 정말 치열하게 살았대요. 나이가 들어 드디어 원하는 성공을 했죠. 그런데 이제는 좀 인생을 누리고 가족들과 소중한 시간을 보내려고 한 순간 덜컥 불길한 종합검진 결과가 나온 거죠. 그래서 젊었을 때 열심히 번 돈을 고스란히 병원 치료비로 썼다고 하시더군요.

행복하려면, 정서적 안정을 누리려면, 반드시 건강해야 돼요. 건강보다 소중한 것은 없어요. A가 아파서 눈물을 흘리면 A 주변 분들은 피눈물 흘려요. A 몸은 A만의 것이 아니에요. 그러니 의무감과 책임감으로라도 건강해야 돼요.

'아침 일찍 일어나 조깅을 해요. 줄넘기를 해요. 헬스장을 다녀 봐요' 등 이런 판에 박힌 이야기는 하기도 싫어요. 내가 언급했던 조깅, 줄넘기, 헬스장 등이 A에게 전혀 흥미가 없으면 절대로 하지 말아요. 운동을 억지로 한다면 그것은 오히려 독이래요.

그래서 나는 A에게 가장 잘 맞고 평소에 배우고 싶었던 운동을 꾸준히 하라고 권하고 싶네요.

중요한 것은 A가 좋아하는 것을 선택하는 거예요. 내 주변 사람들을 보면 운동을 제대로 즐길지 몰라서 혹은 별 관심도 없는 운동을 억지로 해서 며칠 잠깐 하다가 아예 운동을 포기하는 경우를 많이 봤어요. 운동 억지로 하면 자연스레 이렇게 돼요.

요즘엔 '생활 체육' 관련 강습 프로그램이 상당히 체계적이고 잘 되어 있어요.

이왕 하는 1~2시간 운동이라면 전문적으로 강습을 받아서 A가 좋아하는 분야의 운동을 제대로 즐겨 봐요. 평생 취미활동도 만들 수 있어요. 건강관리도 하면서 건전하게 여유시간을 즐길 수 있죠.

등산, 배드민턴, 축구, 볼링, 탁구, 수영, 농구, 춤, 밸리 댄스 등 뭐든 좋아요. 제발 부탁이니 친한 친구가 하니까 따라서 하는 어리석은 행동은 하지 말아요.

젊었을 때 열심히 돈 벌고 나이 들어서 열심히 병원에 갖다 주

고 싶으면 열심히 복부비만 만들어요. 건강 관리하는 습관 지금부터 만들어 놓지 않으면 정말 한방에 훅 가요.

행복을 온전히 누리기

성공한 CEO가 있습니다. 얼마나 바쁜지 시간을 분단위로 쪼개서 사용하는 분입니다. 운전 기사, 비서, 가정도우미는 당연히 그분의 삶을 돕겠죠. 아침에 일어나면 조찬모임부터 일정이 시작되죠. 새벽부터 집을 나가서 늦은 밤이 돼서야 집으로 돌아오는 삶을 살고 있었습니다.

그러던 어느 날, 집에 놓고 온 서류가 있어서 오후 2시쯤 급하게 차를 돌려서 집으로 왔는데 이게 웬일입니까? 가정 도우미 분께서 따스한 햇살을 맞으며 운동장 같은 큰 거실에서 최고급 안락의자에 앉아 눈을 감고 클래식 음악을 들으며 고급 커피를 즐기고 있는 거예요. 그때 이분은 멘붕이 온거죠. 정말 열심히 치열하게 살았는데 정작 나 아닌 다른 사람이 행복을 누리고 있구나.

A를 비롯한 많은 청년들이 열심히 해야 한다는 강박관념과 조

급증으로 하루하루 행복을 놓치고 살아요. 언제나 행복은 정해진 목표를 성취한 후에 찾아오는 것이라고 굳게 믿고 있죠. 정말 어리석게도 말이죠.

그 필요 이상의 '열심'이 삶을 피곤하게 만들고, 시야를 좁게 만들어요. 그러니 삶의 정말 귀하고 소중한 것들에 대해서 눈이 멀어요.

정신 차려요!!

열심히 해서 원하는 목표를 이루는 것도 중요하지만 더 중요한 것은 현재 A의 위치에서, A만의 인생을 온전히 누릴 줄 알아야 해요.

뭐 하나 물어볼게요. 최근 들어,

· 부모님께 사랑한다고 말했던 적?

· 청명한 가을 하늘을 보고, 상쾌한 바람을 느껴본 적?

· 친한 친구랑 냄비에서 젓가락 싸움하면서 라면 먹었던 적?

· 사랑하는 사람한테 손 편지 써준 적?

· 어린 아이들의 천진난만한 웃음소리 들으며 미소 지었던 적?

· 친구가 힘들다고 할 때 말 없이 같이 울어주고 안아줬던 적?

· 좋은 책이나 영화 보면서 감동 받았던 적?

· 가까운 산이나 바다 가서 가슴이 탁 트였던 적?

· 아침 햇살 맞으며 산책했던 적?

· 떨어지는 빗방울 소리 들으며 헤어진 옛사랑 떠올려 본 적?

· '미안해'라고 먼저 사과했던 적?

· 실컷 땀 흘렸던 적?

이런 적 있나요? 너무나 많지만 이 정도만 할께요.

위의 예들 중에서 해당사항이 많지 않다면 행복을 누릴 줄 모르는 사람인 거예요.

도대체 중요하고 사소한 행복들은 언제 경험 하려고 그래요? 원하는 것 성취한 후에? 지금, 현재에 사소한 행복 누릴 줄 모르는 사람은 원하는 것 성취한 후에도 절대 못 누려요. 행복은 자꾸 뒤로 미루는 것이 절대 아니에요. 바로 '지금' 경험하고 느끼는 거예요.

나는 A가 인생에서 소중하고 소소한 행복 놓치지 않고 살았으면 좋겠어요. 열정은 좋은데 방향과 방법이 틀렸으면 얼른 수정해야죠.

20대 청춘, 생각보다 짧아요.

이 책을 쓰게 된 가장 큰 이유는 저처럼 많이 방황하고
아파하고 있을 20대 후배님들이 아픔과 방황을 딛고 일어
설 수 있도록 조금이나마 돕고 싶어서 이렇게 용기를 내었
습니다. 평소에 자기계발 분야에 관심이 많아서 이런 저런
실용서를 읽어봤습니다. 가끔은 젊은 세대들에게 너무나
비현실적이고 초인적인 능력을 강요한다는 것을 느낄 때
가 많았습니다. 잠을 줄여라, 책을 몇백 권, 몇천 권 읽어
라, 몇 시간을 몰입하라 등 읽기만 해도 숨이 막힐 정도였
습니다.

다음의 그림을 보죠.

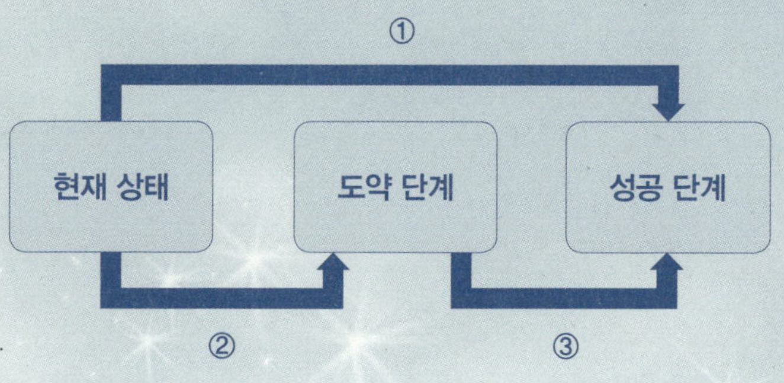

　자기계발 서적들은 젊은 세대들로 하여금 ①현재 상태 → 성공 단계을 강요하는 것 같습니다. 그러니 너무나 버겁고 지칠 수밖에 없습니다. 현재 상태에서 했던 사고와 행동들, 습관을 통째로 바꾸기를 권하고 하루하루 고통스런 노력을 참아야 한다고 강요하는 것 같습니다.

　그러지 말고 ②현재 상태 → 도약 상태단계로 올라갈 수 있는 힘을 키워준다면 목표를 성취하는 길이 훨씬 수월할 수 있습니다. 다시 말해 현재 상태로부터 성공 단계 전 단계인 도약 단계까지 올라갈 수 있도록 도와주는 것입니다. 그렇게 해서 인생을 대하는 기초체력을 키워준다면 스스로 도전하는 마음으로 ③번 과정을 헤쳐 나갈 수 있습니

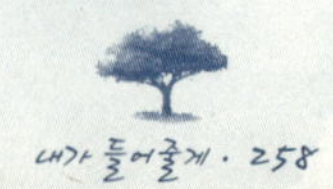

다. 후배님들로 하여금 너무 고통스럽지도 않고, 인생에 있어서 소중하고 중요한 것을 놓치지 않고 하루하루 살아갈 수 있을 것입니다.

후배님들이 성장을 해야 한다는 이유로 버거운 길을 가려고 가랑이가 찢어지고 있는데 그런 고통쯤은 성장하려면 참아야 한다며 빨간약 발라주면서 그것이 무슨 훈장인 양 강요하고 있는 것 같습니다.

많은 것을 강요하고 권하기 전에 그런 것들을 흡수하고 추진해 나갈 수 있는 힘을 길러주는 것이 순서라는 생각을 했습니다. 추진해 나갈 수 있는 힘 중에서 제가 가장 필요하다고 생각한 것이 바로 시간활용법과 학습법이란 생각이 들어서 이렇게 준비하게 되었습니다.

저는 이 책을 통하여 후배님들이 '현재 상태→도약 단계'로 나아가는데 도움이 되길 바랍니다. 그래서 누가 강요하지 않아도 자신의 삶을 위해서 기쁜 마음으로 자기 스스로 열심히 노력하는 힘을 기를 수 있도록 도와주고 싶습니다.

우리 후배님들!

20대 때 기초에 충실하고, 기본기를 확실히 다진 여러분이 되길 바랍니다. 탄탄하고 흔들리지 않는 기본기에 여러분의 전문 능력이 더해진다면 꿈을 이루는 일이 훨씬 더 수월해질 것입니다.

그러니 제가 권하는 내용 중에 입맛에 맞고 수긍이 가는 것들이 있다면 주저 말고 과감하게 당신의 삶에 적용시키길 바랍니다. 당신의 인생을 좀 더 나은 방향으로, 발전된 방향으로 나아가길 소망합니다.

자신의 인생에 있어서 당당하고 자존감 충만한 주인공이 되길 소망합니다. 또한 열심히 노력하셔서 가슴속에 있는 소중한 비전, 꿈, 열정을 반드시 성취할 수 있도록 응원하고 기도하겠습니다.

당신은 할 수 있습니다. 반드시 성취할 수 있습니다. 난 당신을 믿습니다. 언제나 당신을 응원합니다. 사랑합니다. 고맙습니다. 감사합니다.

— OJ 올림

청춘이 스펙이다

정태현 지음 | 신국판 | 값 15,000원

청춘을 망치는 대한민국의 잣대를 부숴라!
평사원으로 시작해 포스코 건설의 임원직까지 오르고, 이후 글로벌 기업 에어릭스의 대표가
된 정태현 저자가 이 시대의 청년들과 과거 청년이었던 모두에게 바치는 청춘의 노래.
이제 의미 없는 스펙의 굴레에서 벗어나 진짜 인생을 위한 스펙을 쌓아보자.

잘나가는 공무원은 무엇이 다른가

이보규 · 최성열 지음 | 신국판 | 값 15,000원

정신 놓고 있다가 길을 잃으면 그 순간 끝장이다! 9급부터 시작하는 공무원 행동강령. 이제
지옥 같은 직장을 낙원으로 만들고, 적을 아군으로 만드는 마법 같은 처세의 힘으로 더 큰
바다로 나아가보자.

죽고 싶어질 때

김진황 지음 | 신국판 | 값 15,000원

꽃씨는 누구도 탓하지 않는다. 기름진 땅이든 황무지이든 뿌리를 뻗기 위해 안간힘을 쓴다.
행여 운이 나빠 싹을 틔우지도 못한 채 말라죽을 수도 있다. 그러나 처지를 비관하거나 운명
을 탓하지 말자. C' est la vie! 그것이 인생이다.

중남미로 떠나는 21일간의 여행

노상래 지음 | 신국판 | 값 15,000원

배낭여행보다 더 알찬 국내 유일의 중남미 21일 패키지여행 체험기! 시간이 멈춰버린 그곳
중남미의 매력에 빠져든다. 삶이 주는 선물, 여행. 이제 인생의 동반자들과 함께 정열의 나
라로 떠나보자.

고독하지만 자유롭게

이봉원 지음 | 신국판 | 값 13,000원

한국과 호주를 넘나드는 고군분투 독립장편영화 제작기!
장편영화 '마티나' 의 이봉원 제작자의 여행기이자 영화제작기록으로, 캐나다와 호주에서
항공사회사원으로 근무하며 영화를 기획하고 한 걸음 한 걸음 전진하여 장편영화 '마티나'
를 제작해가는 과정을 담았다.

두 바퀴로 떠나는 전국일주 자전거길

박강섭 · 양영훈 지음 | 180*230 | 값 15,000원

'두 바퀴로 떠나는 전국일주 자전거길' 은 4월22일 개통된 총 길이 1757km에 이르는 국토종주 자전거길을 이용하는 사람들을 위해 만들어진 책으로, 아름다운 우리나라 국토와 4대강을 자전거길로 둘러보는 국토종주 자전거길과 자전거길 주변의 볼거리, 먹거리, 잠자리 등 종합 이용정보를 함께 수록하여 오직 자전거로만 만끽할 수 있는 여행으로 독자들을 안내하고 있다.

머니 힐링

조성목 지음 | 신국판 | 값 15,000원

돈과 빚 그리고 잃어버린 꿈에 신음하는 사람들의 회복을 이야기하는 한 권의 책. 이 책『머니 힐링money healing』은 현재 금융감독원의 국장으로 재직 중인 조성목 저자가 집필한 실용 경제서적으로, '돈' 을 둘러싼 분쟁과 다툼 그리고 그 사이에서 큰 상처를 받는 피해자들을 조명하고 실질적인 회복, 회생 노하우를 들려준다.

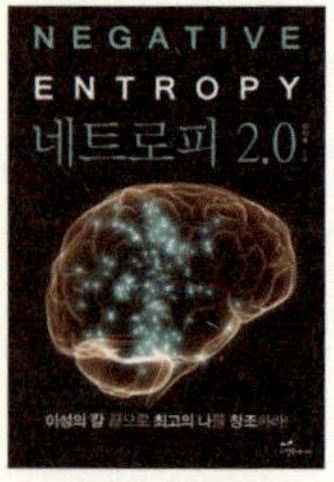

네트로피 2.0

한지훈 지음 | 신국판 | 값 13,000원

우리 가슴속에는 이미 최고의 '나' 가 존재한다. 이 책을 통해 그 최고의 나를 만나는 네트로피를 발견하라. 엔트로피 상태에서 네트로피 상태로의 전환은 당신의 인생에 극적 반전을 불러올 것이다.

셈본 인생경영

가재산 지음 | 신국판 | 값 15,000원

"셈본 인생경영" 이 내놓는 대답은 명쾌하다.
어릴 적에 배웠던 덧셈, 뺄셈, 곱셈, 나눗셈이 바로 그것이다. 생각과 습관을 바꾸는 데 가감승제加減乘除 네 가지 셈만 잘하고 '습관과의 GO-STOP' 을 즐긴다면 자기 인생에 대한 경영은 물론이요, 은퇴 이후 제 2의 인생 설계를 완벽히 준비할 수 있다고 말한다.

여전한 인생 vs 역전한 인생

구건서 지음 | 신국판 | 값 15,000원

누구나 원하는 인생역전, 하지만 인생은 조금도 변할 기미가 보이지 않는다. 이제 무기력한 당신의 인생에 여덟 개의 키워드[꿈·인맥·도전·재능·행동·기본기·준비·열정]를 입력하라. 가난과 짧은 학력을 이겨내고 꿈을 이룬 구건서 노무사가 제시하는 인생항해를 따라 나만의 인생설계도를 완성한다면 인생역전은 당신의 것이 될 것이다.

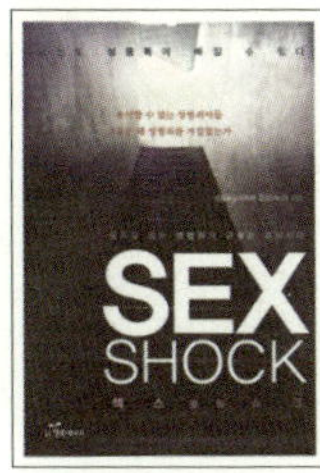

섹스 쇼크

김성 지음 | 신국판 | 값 15,000원

모든 성범죄의 근원에는 성중독이 자리하고 있다?

성중독심리학자 김 성 박사(Ph.D)가 밝히는 충격적인 성중독의 세계.
대한민국 최초로 공개되는 성중독의 개념과 그 사례를 통해 그간 그냥 지나쳐왔던 그릇된
한국의 성문화에 대한 문제점을 파악하고, 그 치유 방법을 논의해보자.

평화대통령 한한국

이은집 지음 | 신국판 | 값 17,000원

조선시대 대표 서예가 한석봉의 후손으로 태어나 8살 때 붓을 잡아 마침내 세계 예술계에서
주목하는 국제 예술가로 우뚝 선 서예 회화 미술가 한한국 작가의 삶의 기록을 담았다. 세계
각국에서 극찬을 받고 세계평화작가라는 타이틀을 얻기까지 우직하게 걸어온 고독하고 처
절했던 투쟁 같은 삶과 그의 예술 철학을 엿보고, 소름끼치는 예술혼과 피와 눈물로 점철된
그의 작품들이 어떤 파장을 일으켰는지를 재조명해본다.

대한민국 공무원 36년사

정상덕 지음 | 신국판 | 값 15,000원

한 지방 공무원의 첫 출근부터 퇴임까지 공직생활 36년의 실제 기록.
9급 말단 공무원에서 시작해 3급 고위공무원까지, 지방의 면사무소에서 시청까지 일생동안
쉴 새 없이 움직이고 수많은 사람들을 만나며 그들의 고충을 해결하기 위해 힘써온 '공무
원' 공직생활의 모든 것이 담겨있다.

알아서 잘하는 아이는 없다

조수경 · 채수문 공저 | 신국판 | 값 15,000원

오직 내 아이를 위한 자식교육법
대한민국의 평범한 주부이자 두 자녀의 엄마인 저자가 실제 겪은 이야기들을 고스란히 옮겨
적은 자식교육서. 책의 제목 그대로 가정에서 엄마의 역할이 얼마나 중요한지, 그리고 제대
로 된 가정교육이 왜 필요한지를 일러주고 있다.

조화가 성공을 부른다

신영철 지음 | 신국판 | 값 15,000원

모든 것은 상대적인 가치를 지니고 있다. 한 가지를 선택한다는 것은 또 다른 어떤 것을 포
기한다는 것이다. 대비되는 가치들이 공존하는 모순의 세계에서 진정한 성공을 이루기 위해
서는 무엇보다 조화가 필요하다. 이제 당신의 성공을 위한 조화를 시도하라.